金正日とワルツを

ロシア人女性記者の金正日極東訪問同行記

日本語版序文

二〇〇四年に本書がロシアで出版され、同年に韓国語版が出版されてから、十二年経って、新たに日本語で出版されるという話を聞いて、言葉ではとても表現できないほどうれしい。この本の著者として、この書物を通じて、日本の読者たちが、北朝鮮と金正日前国防委員長をもう少し良く理解することを願うのである。

二〇〇三年に板門店を訪問したが、涙がこぼれて写真も撮れないほど心を痛めた記憶がよみがえる。外国人である私が見ても、板門店は妙な悲しみを呼び起こすところであった。ましてや強制的に分断され、六十年余りに分断されて生きる南・北朝鮮人たちの、離別の苦痛と痛みはいかほどであったろう。

ロシアと北朝鮮は特別な関係を維持してきた。北朝鮮は社会主義宗主国である旧ソ連と長い間に厚い友情を結んできた。冷戦が終わってから一時、疎遠な関係にあったが、二〇〇〇年にプーチン大統領が就任してから、再び虚心坦懐な対話を交わしながら協力を固める間柄になった。

これは、プーチン大統領が二〇〇〇年七月に北朝鮮を訪問し、金正日国防委員長が二〇〇一年と二〇〇二年に引き続きロシアを訪問し、互いに格別な友誼を示したことからも伺うことが出来る。ロシアは必然的に、北朝鮮に関心を注がざるを得なかった。何よりも、地理的に国境を接している近い隣の国である上、情緒的にも過去から連綿と引き継がれてきた共通の情緒があるからであろう。

筆者は言論人でありながら、極東地域住民として、北朝鮮に特別な関心を寄せてきた。特に、言論人であれば誰しもが、「隠遁の国の指導者」と呼ばれてきた金正日国防委員長とのインタビューを成功させることは大きな望みではなかっただろうか。そのような視点からみると、私は本当に運が良かった。二度もインタビューすることが出来たからである。また、彼が、二〇〇二年八月、極東ロシアを訪問した時には五日間も密着同行、取材することができた幸運まで持つことができたからである。

たぶん、あえて近づくことも難しい彼と、肩をすり寄せてワルツまで踊った言論人は、私が最初で、最後ではないだろうか。北朝鮮の指導者である金正日の行動はあまりにもベールに包まれていたために、言論人の好奇心を一層刺激していたことも事実である。

彼をめぐる様々な憶測と噂が飛び交っていたために、私は、それこそ触覚を立てて、彼の一挙手一投足をそのまま、手帳に記録していた。

日本の保守層がこの本を読むことになれば、あまり愉快ではないかもしれない。この本の中における金正日は、力とユーモアとカリスマが溢れるなかなか男らしい人と描写されているからである。彼が数十万人民を飢え死にさせながらも、好衣好食をする人物として、西欧世界に描かれている現実を勘案すれば、筆者としても文章を書くことにかなり慎重にならざるを得ない。しかし、既存の様々の偏見が筆者の独自的な認識と判断を曇らせるほど、金正日は凡庸な人物ではなかった。この本は短い時間ではあったが、彼を近いところで見たり感じたりしたことを叙述した記録である。話そのままで、削除したり加えたりせず、言論人の使命と良心に基づき、ありのままの彼を描写したのである。

実際に、金正日その本人も率直なことを好む人である。彼がプーチン・ロシア大統領やプリコフスキー・ロシア連邦極東地区大統領全権代表のような人を、特に好んだ理由も、これらの人が格式を選ばず、気安く接したからである。そういう訳で、金正日もこうした率直な友たちには、同様に、心の扉をすっかり広く開け放したのである。その隙間で、筆者は彼の心のなかを伺える機会を捉えた。金正日、彼は権力に幾重にもとり囲まれているけれども、平凡な普通の人々のような感情を持つ人物であって、時折り厳格で閉鎖的であり、忍耐力に欠けているように見える時もあるが、身振り手振りを交えながら、時には、爆笑をすることもある人物であった。

北朝鮮の人々は勤勉で目的志向性が強い民族である。これは今後、北朝鮮が大きく発展し得る土台になろう。北朝鮮はいま、改革の最中にある。国際社会が北朝鮮に人道的支援を続けながら、特に、エネルギーの支援を惜しまないならば、北朝鮮の経済的跳躍も可能であると考える。私が見た金正日は、一方的な援助を受けたがる指導者ではなかった。困った時に助けて協力してあげれば、ある時点では必ず互いに恩恵を蒙る段階に発展して行くだろうと信じる。

本書の日本語版の出版にあたり、長きにわたって南北朝鮮とロシアの極東などの関係の発展に貢献してきた朴在圭・慶南大学総長（前韓国の統一部（省長官））の暖かい勧告に励まされた。統一部長官の在職の時を前後して、当時の金正日国防委員長と数次に亘って会談した、稀な貴重な経験を持つ朴在圭総長は、本書を出版する過程においても多くの洞察力と経験を筆者に分かち合ってくれた。彼の暖かな支援に重ねてお礼を申し上げたい。また、韓国語版に続き日本語版を出版する過程で、日本と韓国の読者たちが理解しやすい、滑らかな文章にするために尽力して下さった北韓大学院大学教授・朴廷敏氏と極東問題研究所招聘教授・呉正萬氏にも心から感謝している。

二〇一六年五月

ウラジオストクにて　オルガ・マリチェバ

目次

第二部　オルガ記者の北朝鮮紀行

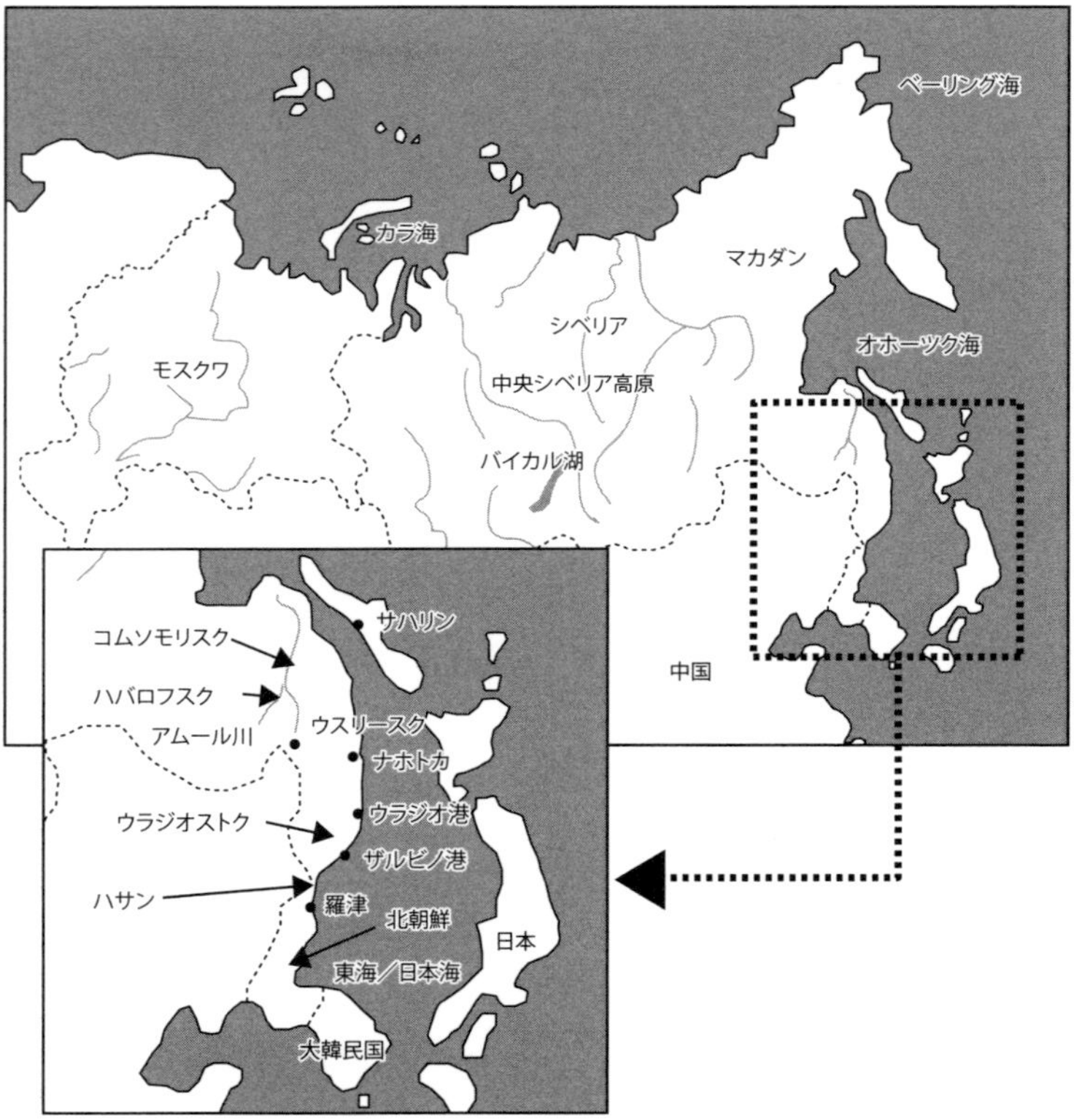

【金正日が訪問したロシアの極東都市】

第一部　金正日の極東訪問同行記

第一章　六ヵ月ぶりに再会した金正日

北朝鮮統治者である金正日が、ロシア極東地方を訪問するようになっていた前日、沿海州のハサンの国境地域の都市では人々が忙しく動いていて、真心を込めて街の整備と歓迎準備をしていたのである。労働者達は急ぎ道路の亀裂をセメントで埋め、刈ったばかりの草の匂いがオイル・ペイントの匂いと混じって鼻を刺激した。

ハサン駅のなかには、貴賓を迎えるための家具が新たに設置されており、カーペットも敷かれていた。関係者たちは、賓客の名前を大きな声で点呼しながら、ロシアと北朝鮮の高位代表団が座る座席を一々繰り返して数えていた。見た目では抜かりがないように見えたのである。

二〇〇二年八月二十日の早朝、金正日を乗せた東方特別列車が、ゆっくりと北朝鮮・ロシア親善橋を通り過ぎてハサン駅に入って来た。そして、その列車の六号車から北朝鮮の金正日国防委員長が降りた。彼を迎えるために、極東連邦地域のロシア全権代表であるコンスタンチン・プリコフスキーが前の方へ歩いてきた。彼らは、まるで長い間付き合ってきた友人のように、親しく挨拶を交わした。

沿海州地方政府官吏と金正日の沿海州旅行に同乗するロシア側関係者たちはやや後ろに下がって立って

いた。記者たちは急ぎビデオや写真撮影をするのに余念がなかった。私は、互いに挨拶する人々の挟間で静かに立っていた。どころが、どういうことか。金正日は、忙しく挨拶を交わす最中にありながら、急に私の前で歩みを止めて、私の顔をじっと見つめていた。

「オルガ・マリチェバ、また私とインタビューをしたくありませんか?」

彼は明るく笑って、私に関心を示したのである。前回のインタビューからすでに半年も過ぎたのに、彼が私の名前を忘れないでいたという事実に驚かざるを得ない反面、非常に嬉しかった。残念なことに、金正日が随行員と共に、急いでハサン駅舎に入ったために、それ以上の対話は交わすことができなかった。

金正日は駅のなかに入った後ソファに座ったが、

金正日委員長のハサン駅到着

陽射しが真正面から彼の顔を照らしても、虹色に光るほど奇麗に磨かれた高い窓ガラスには、陽射しを遮るようなものは一つもなかった。そこで、やむを得ず、ソファの位置を太陽に背を向けた位置になるように置きなおしたのである。

こうした煩わしいことで興奮した雰囲気は鎮まり、私的な性格の静かな対話が始まった。金正日は今回の訪問が、ロシア極東住民たちの日常生活に影響し、交通渋滞を引き起こしたり、急行列車の運行を遮断したのではないか、と心配しているようであった。

実は、一年前の二〇〇一年、北朝鮮－ロシア急行列車がロシア平原を走るときに、シベリア横断鉄道では想像もできないことが生じていたのである。フリーパスを持つ北朝鮮側代表団を通過させるために、国鉄が停止され、五～六時間も列車が遅延した。ひたすら権力に奉仕し、民衆を見下げることに慣れてしまったロシア官吏の無分別な行為で、数千名の罪もない人々の日常に影響を及ぼした。交通担当者らがもう少し細心に列車の運行時間と乗客の便宜を考慮したならば、そうしたあきれた、どんでもないことは起こらなかったであろう。たぶん、金正日は自らの極東訪問によりロシア人が受けた苦痛を聞いたに違いない。外国の彼の今回の極東旅行も、やはりロシア民衆にそれほど愉快でない結果をもたらすことはあり得る。外国の高官の訪問がなくとも、いまは極東地方での交通渋滞は日常的なことになっている。

金正日はウラジオストク周辺で、洪水をもたらし鉄道線路まで流失させた台風が、沿海州地方にはどのような被害を与えたのかを聞いた。彼にはそうした天変地異は全く異様なことではなかった。なぜなら、北朝鮮においても、最近五年間に、農民が懸命に農事をし、収穫を眼前にした穀物が水没して、数百名の人命を奪った、大きな台風が荒れ狂ったことがあったからである。

駅舎のなかでの対話が続く間に、鉄道員たちは十六台の北朝鮮車両と六台のロシア車両をつなげていた。いまや極東地域旅行の準備が終わったことになる。緑の信号を灯しながら、秘密に満ちた東方特急列車はアムール沿岸に向かって、ゆっくりと始動したのである。プーチン大統領の全権大使の車両が一番先頭を走った。

車両の屋根に飛び回るスタントマンであればともかく、もはやその誰も、ロシア車両から北朝鮮車両へ乗り移ることはできない。車両と車両との間には発電施設が設置されているので、車両間の通行は不可能だからであった。乗降口と廊下もない。それで、停車時に降りて、プラット・ホームを通じてしか北朝鮮車両には行けないようになっていたのである。勿論、反対に北朝鮮車両からロシア車両に渡るのも同様であった。車両間には、ロシア連邦警護隊将校たちが鋭い目を光らせながら、二十四時間厳しい警戒を持続していたのである。

第二章　ベールに包まれた東方特急列車

歓迎のプレゼントを受け取っている金正日委員長

それでは、東方特急列車はどこで作られたのであろうか。金正日が極東を旅行している間に、私は、三つの説を聞いたのである。

ある人は、彼が乗っている車両は一九四五年、スターリン大元帥が北朝鮮の金日成主席に贈ったプレゼントであると言っていた。しかしこの見解は、スターリンが贈ったプレゼントが妙香山の国際親善博物館に陳列されていなかったなら、信じられたであろう。国際親善博物館に行ってみたら、地上から十五メートル程の高さに展示されており、どのような方法で入れられたか、ただ驚くばかりであった。

ロシアの鉄道員たちは、東方特急列車はヨーロッパで作られたもので、一九八四年にフランスで製作されたと確信していた。最後の見解としては、その汽車は日本で作られたという主張もある。しかし、さまざまな主張だけが乱れ飛んでいるだけで、実際にどこで製作されたかは今なお正確に明らかにされたことはない。

二〇〇一年、金正日がロシア旅行をしている時に、職業柄、やや言い過ぎることがしばしばある記者たちは、金正日の汽車をいつも「装甲列車」と呼んでいた。私の目にも列車は主人の容貌と非常に良く似合って見えた。知られているところでは、司令部車輌のそこだけが装甲用の鉄板で作られていて、ほかの車輌はすべて平凡な一般車輌である。たぶんその車両には梯子のような形をした屋根がついていることから、記者たちはそのような別称を与えたものと思われる。しかしそれは、ディーゼル発電機であった。特別な形をしているために目だっており、実際にも装甲列車のようにも見えたのである。

ロシア製の列車と北朝鮮の列車は、遠くから見てもすぐ分かるほど、外観からしても異なる。例えば、ロシア車輌の側面の鋼板はいくつかのヒレのような形の板で補強されているが、北朝鮮の列車の側面はたいへん滑らかである。北朝鮮の列車は薄い暗緑色で塗られており、ロシア車輌は鮮明なエメラルド色に光っていた。

プリコフスキー全権大使によれば、金正日の泊る指揮部および執務室の車輌内部は、両側に大きなスクリーンが設置されており、コンピュータとつながって、ロシア極東都市に対する多様な情報を提供していると言う。北朝鮮統治者は大変興味有りげに、ロシア極東の多様な生活に対する詳細な情報に見入っていた。

筆者の同僚でチェチェンで一緒に過ごしたことのあるハバロフスク出身の放送関係者であるセルゲイ・シュルガは北朝鮮の車輌に乗ることになった。彼は両側の合意によって、金正日とプリコフスキーが会う場面を三分間撮影することができた。ところが、撮影が終わるや否や、汽車が動き始めた。シュルガは、ホームに降りなければ自分の車輌に戻ることができないのだが、そのような時間がなかった。セルゲイは、つぎの駅に到着するまで三時間もの間、どうすることもできずに、立っていなければならない羽目になった。

彼を哀れに思っていた北朝鮮警護員たちは、「我々について来い」、と手を振った。彼らは、シュルガを真ん中に立たせて、「人の壁」で囲むようにして、視界を遮断して車輌から車輌を渡って行ったのである。シュルガはその短い時間の合い間に、列車のなかは消毒がちょうど終わったように清潔で、内部空間を広く見えるように白色で塗られていたことを見たのである。

特に、車輌の乗降口の連結部が印象に残っていた。ロシアの連結部とは異なり平らで微動もせず、小さなジュータンで包まれていた。ロシア人には慣れているレールに車輪がぶつかる音が、北朝鮮の車輌からはほとんど聞こえてこなかった。たぶん高性能なスプリングが設置されていたようである。廊下には光沢のあるリノリウムが敷かれていた。

シュルガは北朝鮮車輌の内部を密かに撮影したかったが、自らの行動で関係者を困らせたくないので諦めたのである。

金正日はなぜ飛行機ではなく汽車での海外旅行を好むのであろうか。なぜ、そのような古い時代の運送手段を愛用するのであろうか。「ケオルキー・セドフ号」という遊覧船に乗り、アムールの川辺に沿って遊覧する時に筆者が投げかけた質問に、金正日は頬笑みながら簡単明瞭に答えたのである。彼の答えは、すぐ全世界に打電された。読者たちは、彼の答えが気になるだろうが、もうしばらく待って頂きたい。

ロシア言論にしたがえば、二〇〇一年モスクワで金正日がプーチンと会談した時、プーチンが彼の汽車旅行について言及したことがある。

「たぶん、これで貴方はロシアのどんな統治者よりも一層ロシアを良く分かるでしょう」

金正日の答えは、ロシア人たちの心の琴線に触れるようなものであった。

「私は、ロシア人の性格と精神を一層よく理解するために、ロシアに来ました。」

第三章　ガラス窓のキズ

金正日の極東旅行は始まるや否や中止されかかったのである。二〇〇一年七月、彼の旅行を案内した東方特急列車には、二台の軽装甲車が連結されていた。ところが、今回には、八月二十二日なってようやく、飛行機で平壌からハバロフスクまで二台の「メルセデス・ベンツ」が空輸された。一台は基本車輌であり、もう一台は万一の事故に備えた予備であった。二十三日夜、ベンツは再びウラジオストクに急遽空輸された。二つの都市で金正日は主に自らの乗用車を利用したのである。

八月二十一日に、国防委員長の急行列車はハサン駅から、コムソモリスク・ナ・アムーレ駅に到着した。一日前にロシア、北朝鮮側の警護と儀典要員たちが飛行機で到着していた。まず彼らは、ハバロフスク地方政府が提供する自動車を点検した。北朝鮮関係者たちは彼らの親愛する指導者が乗り回す小型バスを詳しく調べた後、困惑した表情を浮かべた。側面の窓にキズが付いていたからである。その車は乗り心地が良く、技術的な側面からは金正日が乗るのに少しも不足はなかった。しかし、北朝鮮側は即時に車輌を交換してくれるよう要求したのである。

北朝鮮警護員たちと儀典担当者たちは、金正日がその車に乗車しないだろうと宣言した。その瞬間から悪夢が関係者の胸に浮かびあがったのであり、バスの窓ガラスのキズのために、計画が取り消される危機に直面した。金正日が二〇〇一年春、訪問日時と時間が確定されているにも拘らず、突然、ロシア訪問を拒否した悪夢を繰り返すような気がした。当時、北朝鮮側が明らかにした訪問取り消しの理由は情報流出、つまりロシア新聞が金正日の訪問日を「漏洩」したからである。両側外交官たちは、金正日のモスクワ訪問に対する全ての合意事項を初めから改めて論議しなければならず、日程は七月二十六日から八月十八日に変わったのである。その後、金正日の訪問日は北朝鮮列車がロシア領土に入って来るまで極秘に付されていた。

金正日の極東訪問に関するうわさは、二〇〇二年夏にも出まわっていた。八月十五日付け北朝鮮新聞は彼の訪問が八月下旬頃に行われるだろうと報道していたのであり、言論人たちも差し迫った事件を慎重に取り扱ったのである。北朝鮮列車が八月二十日の朝八時、ハサンに到着するまで全ての事が徹底的に秘密に付されていた。このように秘密は厳守されていたが、全く予測できない状況によって、その間、外交官たちの首脳会談準備努力を一時に水泡に帰してしまう危機状況が生じたのである。

しかし、腕の良い職人たちが危機状況を反転させたのである。ある自動車整備所で機能工たちが袖をまくり上げて、ガラス窓に付いたヒビを注意深く調べ、そのヒビを修復する繊細な作業に取りかかった。彼らは、五時間をかけて透明な樹脂を塗りつけた後、光沢を出して、ヒビに特殊な加工をした。そしてやがて、奇跡が起きたのである。次の日、陽が差すと、うそのように滑らかで透明なガラスに変わっていた。

しかし、夜になって、電気照明の下で、細い石筆で引いたようなヒビが再び現れた。北朝鮮警護員たちは興奮して、仲間同士で意見を交換してから、再び特別輸送車に交換してくれるよう求めた。ところで、こんな深夜に他の車を手に入れることはできない。その上、ロシア側は状況を改善するために、可能な措置を全て取った後である。次の日、金正日はその自動車を利用したのであり、当然、如何なるキズも発見することができなかった。

第四章　金正日の夢は、飛行機の操縦士

何時か、「金正日が幼年時に、飛行機の操縦士になりたい」と言ったと書かれた記事を興味深く読んだことがある。そのためなのか、金正日はコムソモリスクで、SU-27戦闘機組み立て工場を二時間三十分も見学してまわったのである。

性能の良いコンピュータでシミュレーションをする部署にも長くとどまっていた。工場関係者は、コンピュータ電算化作業を通じてシミュレーション速度が、以前よりも五〇〇倍も早くなったと言った。それで、金正日は真剣に尋ねたのである。

「そうだとすれば、コンピュータの導入以前に、航空技術をシミュレーションしていた人々は皆、どこに行ったのでしょうか?」

工場関係者のなかの一人が、彼らは他の特殊分野の技術を学び、大部分は昔のように、この工場で働いていると答えた。

高出力プレス作業をする部署では、金正日が見守るなかで、戦闘用車両の部品を直接製作して見せた。

また、他の工場で金正日に戦闘機操縦室に登って見ることを提案してみたが、なぜか、この興味ある提案

は彼の関心を引くことができなかった。ロシアの航空産業界は飛行機だけでなく、家具、洗濯機、テレビ、自転車など家電用品も生産していた。昔はアジアで大変人気があった自転車を生産して朝鮮半島に輸出したこともある。しかし、最も注目すべき製品は、最初の防御用の飛行機である「ミグ－25機」であった。この戦闘機は、一九五〇年、朝鮮戦争時においても朝鮮半島の上空を飛んだことがある。

これらの工場はすべて撮影禁止区域であった。ところで、飛行機製作工場でささやかな事件が生じたのである。金正日の個人撮影技師が製作中である飛行機を背景に、「親愛なる指導者同士」をとても撮影したがっていた。ロシア警備隊将校が何度も「撮るな」いう注意をしたにも拘らず、北朝鮮の撮影技師は理解できないという表情をしながら、勝手にビデオ撮影を継続していた。結局、ロシア警備員はそのビデオ・カメラのレンズを手で、塞ぎ、それでようやく止めたのである。

第一日目午後の日程は、大変みっちり詰まっていた。金正日は軍需企業であるアムール造船所を訪問し、民間用・軍事用船舶が製作される工場を万遍なく視察した。ある工場では、実物大の部品が製作されていた。彼は巨大な旋盤で、縦一・五メートル、横一メートルの部品が研磨される過程を見守っていた。

彩色する準備を終えた乗客用の小さい船が陳列されたところに着くや否や、彼は急に、船台にある小さい船に乗ることを決心したのである。彼の随行員が慌てて彼の後を追い、北朝鮮記者たちも集まった。小さい舟は五名ほどが乗ると軽く揺れたのである。その舟の初出航は海ではなく、空で行いそうであった。心配になった工場管理者らが引き続き乗船しようとする人々を制止した。そうこうする間に、北朝鮮統治

極東の防衛産業の視察

者はキーを回し、金属外板で作られた船体を叩いてみた。彼は、五等級程度の暴雨を耐えて、時速八〇キロメートルの速度を出せる小さい船により多くの関心があるように見えた。

北朝鮮統治者の極東地域訪問の初日がゆっくりと、夕暮れに近くなって行った。朝早くハサン駅で盛大な歓迎接待を受けたあと、栄光の記念碑をいち早く訪ねて、第二次世界大戦で祖国のために誇らしげに戦死したコムソモリスク兵士の記念碑に献花した。彼は参拝しながら、祖国のために命を捧げた人々を黙々と追悼したのである。

私は、アムール地域のコムソモリスクでの小学校で学んだので、戦争で死亡したコムソモリスク兵士の記念塔の前に立ったことは数え切れないほどあった。それから、二十五年の歳月が経って、私が記念碑のそばで、最も謎めいた人物である北朝鮮指導者の写真を撮るようになるとは夢にも思っていなかったのである。

第五章　アムール川の上に差し掛かった虹

造船所の訪問後、北朝鮮－ロシアの高位層らの行列はコムソモリスクの大通りに沿って、船着場に向かった。船着場には、遊覧船である「ゲオルギー・セドフ号」が代表団を待っていた。都市住民らは平穏に日常生活をしており、交通渋滞は見られなく、警察官は人々の通行を阻止しなかった。

車は船舶から二〇〇メートルほど離れたところで停車した。船舶にそれ以上接近することができなかったからである。皆、自動車から出てから停泊地に近づいた。散歩するのに良いお天気ではなかったが、金正日は周囲を興味深く振り返りながら、現地市長の説明に耳を傾けていた。市長は歩きながら、この前に七十周年を迎えたコムソモリスクの歴史について語り始めた。

日常的に、この地域によくあることだが、小雨が降りはじめた。北朝鮮警護員のなかで、一人が素早く親愛する指導者同志の頭の上へ、残りの五名がゆったりと入れる青い傘を拡げた。お客たちが船着場から「ゲオルギー・セドフ号」の甲板に登るや遊覧船はアムール川の流れに乗って下流に向かったのである。

金正日には、最高級船室が配備された。初めから首脳級国賓を接待するつもりで製作されたものではなかったので、それほど大きくはなかったが、それでも一日の宿泊料金は五〇〇ルーブルにもなる豪華な船室であった。大型定期旅客船の乗組員は熱心に働く誠実な労働者であった。絶えず、アムール川の円形航路に従って航海しながら、ハバロフスクからコムソモリスクへ、ニコラエブスクへ、乗客を一生懸命に運び、遊覧船は中国にも行っていたのである。

一緒に乗っていたロシア人乗客はあまり格式に従う人ではなかった。洗面台と化粧台の境には、ドアが閉まっていなかったが、遊覧船が都市から遠ざかり、水平線に近くなるにしたがい、すべての不便もなくなった。

極東地方の風景は実に魅力的であった。さらに、風も穏やかだった。アムール川の奇岩絶壁には、八月の緑がエメラルドのように輝いていた。遊覧船の下には、膨大な砂で埋められた強力な黄色アムールが吼えていた。雨が止むや否や、遊覧船の前に大きな虹が広がっていた。「ゲオルギー・セドフ号」は喜びに満ちて七色の虹に突進したが、二十五キロメートルの速度では、虹に追いつくことができなかった。虹は、シャルゴル島の方へ遠ざかって行った。それに続き、我々も児童療養所である「コスモス」があるその島に到着したのである。

船長の話によれば、「ゲオルギー・セドフ号」の運命は平坦ではなかった。二度も火事になったことがある。こうした船の歴史を知る乗客は、彼らの間で、この船を「不幸な火災民」と呼んでいた。北朝鮮代表団のお供した今回の航海が、遊覧船に新たな傷をもう一つ残したのである。

船の操舵室に登りたいという金正日の意思表示で、船長室にあったソファを操舵室に移すことにした。

しかし、ソファがあまりにも大きくて、ドアを通すのが難しく、急ぐ過程でドアが壊れてしまった。操舵室のドアは、後に、散歩する前にようやく修理ができた。船長にとっては残念なことであったが、金正日は結局操舵室を訪問することができなかったのである。

その代わりに、北朝鮮警護員二人が操舵室に入って来た。彼は船長と一緒に立っていて、アムール川沿岸を鋭い目で注視していた。

操舵室から望遠鏡で周辺を見回していた私は、接眼レンズを通じて迫ってくる素晴らしいパノラマに嘆声をあげた。暫くしてから望遠鏡から目を離す瞬間、先端光学機械に投げかける羨ましさと渇望に満ち溢れた北朝鮮警護員と視線が合った。彼に望遠鏡を差し出したが、彼は首を振って丁重に拒んで、他人から如何なるものも受け取ることができないこと

著者と金正日委員長との出会い

を思い出させた。

私は、それとなく、望遠鏡を埠頭の前に降ろしておいた。警護員はゆっくりと自らの品位を守りながら、数歩近づいてきて、望遠鏡を取り上げて沿岸と川に沿って航海するボートなどを注意深く見つめていた。望遠鏡を再び元のところに戻しながら、彼は明るい微笑で感謝の意を表したのである。

第六章　私をインタビューした女性記者を呼んでくれ

「ゲオルギー・セドフ」号は、シャルゴル島ぎりぎりまで、近づくことができなかった。島に船着場がないためである。児童療養所は海岸から高いところに位置していた。その海岸に沿って療養所までは傾斜が急な階段があった。後で、登りながら数えて見たら正確に九十六個の階段があった。

「ゲオルギー・セドフ」号は、動力を切った後、浅瀬にぶつかった。船員たちと警護委員たちが長い時間をかけてロープで、渡り道を装置した船舶用木材階段を設置した。北朝鮮警護員たちも船員たちを助けた。しかし、桟橋が設置された後も問題はあった。ともすると階段が振動して、水に落ちる心配があったからである。沿岸では、どこに行っても現れる北朝鮮記者たちが先に島に到着して、撮影をしていたのである。

ロシア警護隊将校がまず階段に降りて立っていた。その後を金正日がついて行った。桟橋がゆれたので、すべての人々がそれを不安げに見守っていた。ロシア将校が北朝鮮統治者に手を差し出し、金正日はその手に頼っていた。後ろから付いて来ていた北朝鮮警護員が親愛する指導者の肩をしっかりと掴まえていた。極東のお客様は早足で海岸に降りていき、その後は隣りで補助しなくても機敏に、カーペットが敷かれて

平壌の百花園招待所

ロシア訪問団との記念撮影

いる階段を登って行った。他の人々も皆、無事に陸地に降りた。

階段を登り切ったら、平らな運動場を横切る道があった。ここで、金正日はややびっくりした様であった。全く予想しなかった状況が展開されたからである。耳をつんざく大きな呼び子の音と子供の耳を刺すような大声が彼を迎えた。彼らは走ってきて手を揺すったり、「金正日、金正日！」と大きな声で連呼しながら、以前に聞いたこともないお客様を熱狂的に迎えたのである。子供たちには、大声を出し愉快に騒ぐことだけのみ重要であった。このような特別な代表団の来訪は彼らにとって本当の大事件であった。

一人の少女が北朝鮮指導者に野花で作った花束をあげた。そして、お客様に療養所、宿泊所の施設を案内してあげた。夏の舞台では、三十分間の音楽会が開かれた。蚊の群れだけなかったなら良かったのだが、俳優と観客たちが極端に蚊を嫌い、頬、足、腕を平手で打つ音がホール全体に響いていた。

金正日はスフィンクスのように、不動姿勢を維持していた。彼は蚊の襲撃に対しても動かず、終りまで観客に礼儀を守ったのであり、特に、ロシアの民謡である「火を焚く、塀の浴場に火を焚く、お嫁を貰う、私の可愛いバニャがお嫁に行く」を歌った六才の少年に熱い拍手を送った。お別れの挨拶をしながら、彼は百名のロシアの子供を北朝鮮に招待した。その答礼として、「シャルゴル島」は北朝鮮の子供を迎えると約束したのである。

太陽がまぶしく光る気候であった。子供たちの激昂した大声と口笛のなかに埋もれた代表団は再び海岸に降りて行き、再び危ない階段を如何なる事故もなく通過した。みな大型定期旅客船の自己船室に入った後、船は沿岸から遠く去り、海流を逆行する程度の速度である時速十五キロメートルで反対の方向に旋回した後、都市に向かって航路を取った。

突然、雨が降り、大粒の雨粒が四方に飛んだ。遊覧船のサロンでは、晩餐が準備されていた。プリコフスキーは金正日、駐北朝鮮ロシア大使アンドレイ・カルロフと一緒に席をとり、北朝鮮代表団員たちは低い甲板に席をとったのである。金正日の随行員、ロシア代表団の専門要員、警備隊将校と記者たちには高い甲板に席が用意されていた。

ロシア記者たちは、やり過ぎるほど執拗に、北朝鮮警護要員に彼らの親愛する指導者の健康のため乾杯することを提案したのである。しかし、それほど敬虔な乾杯提案も国家元帥の安全の責任を担っている青年警護員らに、ファンタとコーラをロシアのウオッカに替えさせることはできなかった。金正日からかなり離れたところにいるのにも拘わらず、彼らは自らの任務を一時も忘れることはなかった。

反面、北朝鮮記者は喜んで酒杯を取った。甚だしくは、誰が北朝鮮統治者をより尊敬するのかをかけて、ロシア記者らと酒飲み競争を行っていた。ハバロフスク出身の写真記者は、日頃から酒を飲み慣れていたようで、二〇〇グラムの器に酒をいっぱい入れて一気に飲み尽くした。しかし、北朝鮮記者は酒を盃に半分だけ入れた。二人とも、彼らが金正日同志を深く尊敬していることを証明したが、競争を見守っていた人々は、ロシア戦士の手を高々と挙げた。

低い甲板では抑制された形での社交が行われていた。しかし、両側から国家首脳のための祝杯をあげた後、友情と協力を祈る挨拶が交わされた。その中で、突然、金正日は「平壌で私をインタビューした女性記者はどこにいるのか？」、と訊いた。そして、私は低い甲板に招待されることになった。

第七章　金正日との、一回目のインタビュー

甲板の下へ降りながら、私は二〇〇二年二月に平壌であった忘れられない事件を想い出した。平壌の二月はウラジオストクの四月と類似している。風が吹くことは吹くが、かなり暖かい。もう少し経つと、青い芽が出て、世のなかは花の香りと多彩な色で満ちることになる。

プリコフスキー全権大使が率いるロシア代表団の宿舎は、「百花園招待所」であった。招待所内には、手で編んだ緑色のカーペットと温室のお花が噴き出す色彩が眼を楽しませてくれた。特に、「金正日花」と呼ばれるお花が目を引いた。生き生きとした花びらを持つ真っ赤な色で、球根ベゴニア科に入るこの花は、二十年間の品種改良に力を入れて来た日本の加茂元照氏が開発して、後に、「金正日花」と命名された。この花を北朝鮮人民の永遠の宝物として保存するため、平壌中央植物園に一〇〇〇平米を越える特殊温室が造られた。百花園招待所にあるこの観賞用植物は、この温室から運搬されて来たものである。招待所には二〇〇二年二月十日から十三日までロシアの三色旗が風になびいていた。

会談と忙しい日程で、時間はあっという間に流れていた。そして、二月十七日夜、幾つかの兆しで判断すると、北朝鮮指導者が招待所を訪問しそうな予感がした。まず、安全要員たちの徹底的な事前保安検査

が行われた。沿海州地域主席連邦監督官であるセルゲイ・シュルスルクが誰よりも厳しく検査を通過した。彼は足に負傷を受けた後、軽く杖に寄りかかって歩いていた。米国製杖は五〇センチメートルの金属手すりに楽に寄りかかれるように造られていた。北朝鮮安全要員はそれをくるくる回したり、甚だしくはその杖の黒い中まで調べようとしていた。幸いに警戒を怠らない警護員の監督の下で、持ち主が杖を持つことが許されたのである。

我々は北朝鮮統治者が到着する十分前から、過酷な訓練を受ける兵士のように一列に立っていた。我々代表団は皆、興奮を抑えて落ちつくように努めたが、容易ではなかった。やがて高さ六メートル、重さが一〇〇キログラムにもなる、木で造られた両側のドアが徐々に開かれた。北朝鮮ＴＶ記者たちと写真記者が入ってきて、あっという間にそれぞれ配当された席に座り、彼らも我々のように息を殺して待っていた。午後六時、再び招待所の大きなドアが開かれて金正日が入って来た。彼は頑丈な体躯で、カーキ色の軍服式の上着を着ていた。彼は鋭く周囲を見回してから明るい微笑を浮かべながら我々の代表団団長に近づいて来た。

「再び会えるようになって嬉しいです。プリコフスキー全権大使。」

彼らはお互いに、挨拶をしながら親密そうに抱き合った。他の代表団員たちとは儀礼的な挨拶の言葉と共に、軽く握手を交わした。

「会えて嬉しいです。」

やや興奮した雰囲気のなかで、金正日は一人のロシアの警護隊将校に視線を向けた。二〇〇一年、金正日のロシア訪問の際に警護を担当した人物であった。我々は、金剛山の絶壁にぶつかる不屈の海が描かれた大きな油絵を背景に記念撮影をした。つぎの日、「労働新聞」の一面に、ほとんど半ページを占めた大きな写真が掲載されたのである。

プリコフスキーは金正日と一時間に至る会談を行った。主に、両国間の政治関係と経済協力問題を論議したのである。多くの懸案について、お互いに類似するか、あるいは同一な立場を表明したのであり、二〇〇〇年と二〇〇一年の、北朝鮮とロシア首脳会談で導かれた合意を誠実に実行することを誓ったのである。

会談が終わった後、我々はホールへ招かれた。そこには、食べ物が用意されたテーブルが置かれていた。それぞれのテーブルの真ん中には、金正日花で飾られた花束が置かれていた。一番大きなテーブルに金正日とプリコフスキーのための席が用意されていた。彼と一緒にロシアの外交官たち、現地の駐在大使館職員とその婦人、および北朝鮮政府の官吏が数人座った。二つの他のテーブルのうしろに、すべての随行員たちが席をとった。公式的な乾杯の後、社交の時間になった。代表団団員たちと平壌駐在ロシア外交官たちは、一人ずつ金正日に近づき、接待に対する謝意を示して旧正月を祝賀したのである。

金正日は活気に溢れ、社交的でかつ華やかな微笑を浮かべていた。そして、人を引き付ける力があった。ロシア語と朝鮮語による対話と祝杯の言葉が行き来する中で、彼のバリトンの声音《こわね》ははっきりと聞こえてきた。ある瞬間彼は突然、「私の祖国は広闊である」という題名のロシア歌を合唱することを提案し、自ら直接に先唱した。ロシア人である我々すら、少しずつ忘れかけている歌のメロディを自然にリードしながら外国人のぎごちない抑揚もなく、歌を歌った。

私は、ロシアの女性代表として、金正日にお祝いの挨拶をするよう指名された。彼に、どんな挨拶をしたら良いのかを知らず、一時は当惑した。一人で横切って行ったが、脚が震えて、誰かのワイン杯をひっくり返すのではないか、と思って気にしたほどであった。私が金正日に近づいて行くと、彼も立ち上がった。

私は北朝鮮を訪問する前に、幾つかの朝鮮語を覚えていたが、余りにも興奮していたので、まったく忘れてしまったのである。しかし、彼が迎える六十回目の誕生日である還暦が成熟さと知恵の日である、ということははっきりと知っていた。彼の人生に、ロシア語で、「リュウボプ」と発音される「愛」が溢れることを祈るという挨拶をした。

金正日の後ろにいた通訳官が雷のように素早く通訳をしたが、私が見るには、金正日は私の言葉を理解しているように思えた。彼はお祝いの挨拶に、感謝を示しつつ、乾杯することを提案した。敢えてこのように話してよいか知らないが、私は彼の魅力にたっぷりと感じ入ったのである。私は、乾杯に同意した。彼は杯をぶつけながら、キスしても良いかと私に尋ねた。金正日は笑み、友情に溢れる眼で私を見つめた。彼が私と一緒に肩を並べて立っている時、私はこの神秘的な指導者が手振りで自らの頬を指すのを見て、彼が何を意味するのかを、通訳なくしても理解することができたのである。彼にキスする準備ができていることを知らせた。

同時に私は、お願いを聞いてくれるようお伝えした。金正日はそれに同意するという意味で、首を縦に振った。

「五分の間で、三つの質問に答えて下さい。」

金正日は笑いながら、私の意向を受け入れてくれた。

「女性のお願いは興味深いね。」

私は感謝の意を込めて、彼にキスした。通訳官の準備ができれば、知らせてくれると言った。十分後に、インタビューが始まった。

「世のなかで、最も大事で、かつ近い人は誰でしょうか?」

「幼い時に喪った母です。彼女は革命の戦士でした。すべての母がそうであるように、自らの息子がすべてのことで上手にやって行くことを願っておりました。しかし、今日の私の姿は想像も出来なかったでしょうね。私は多くの点で、彼女に感謝しております。」

「前回のロシア訪問の際に、最も記憶に残ったことは、何だったでしょうか?」

金正日はプーチンとの会談と社交、そして、ロシア人が施した好意である、と答えた。

「彼らの眼の中に、私に対する好感を発見したのです。私としては、気分が悪くはありません」、と付け加えた。

「また、私の本当の同志で、興味を引く対話の相手であるプリコフスキーを知るようになって本当に嬉しがったのです。」

インタビューをもう少しすることが出来たが、金正日の後ろに立っている北朝鮮儀典官が自分の時計を指しながら、そのぐらいで終わる時間であることを私に知らせた。最後に、金正日は大きな声で話した。

「私に対して良くも悪くも自由に書いて下さい。あなたが望むとおりに書いても構いませんよ。」と。

そして、お別れの印として、私の手に口付けをした。正直に言って私が全く予想もしなかったことであった。周りの人たちも、私と同じ考えだったようである。

夜十二時五分前に、シャンペンが入ってきて、それに間もなく時計が十二時を知らせた。我々は朝鮮の新年をヨーロッパ式で迎えた。泡のついたワイン・グラスをぶっつけながら、北朝鮮とロシア全国民の幸福と成功を祈った。そして、六ヵ月が過ぎた後、運命の女神は私に再び金正日に会う機会を与えてくれた。

第八章　ついに金正日とワルツを……

船室のなかにある音楽サロンに入った時に、私の頭のなかには、許されるはずのない、多くの質問が準備されていて、ボールのように転がっている感じであった。金正日は椅子から立ち上がって挨拶をしてから、うなずきながら微笑を浮かべた。

「オルガ・マリチェバ、またインタビューですか?」

「もしかしたら、私の心を読んでいるのではないかしら?」、という気もしたのである。私は嬉しげに頭を下げたが、彼としては、あれだけ気分のよい夜に、インタビューの質問を受けたいはずはなく、それはいくらか表情に出ていた。私は彼の健康を祈る挨拶をした後、瞬く間に満ちた杯を高く持ち上げた。

彼の隣りのテーブルに、私の席が割り当てられた。そして、北朝鮮の人々が並んで私の隣りに座った。彼らと楽しい対話を交わしている時、急に通訳官の声が聞こえてきた。彼はおおよそ三十歳くらいで、知的な容貌にメガネをかけていた。彼を知っている人は、彼が非常に正確に通訳を行い、豊富な語彙力を駆使すると耳打ちしてくれた。

「指導者同志がインタビューする準備ができた、とおっしゃっております。椅子を持って行って隣りに座って下さい。」

私は心のなかで歓呼しながら、右手にノートを、左手に椅子を持ったまま金正日のテーブルにぴったりついて座った。

まず、彼の極東訪問の目的について質問を投げかけた。彼はロシアと平壌（北朝鮮）間には長い友好関係があったのであり、それは特に高位の官吏が二〇〇〇年七月に平壌で、また二〇〇一年八月にモスクワで会った以後、強化されて行った、と話しはじめた。

「ロシアとの友情は、端に復元される程度ではなく、新たに高揚されている。いまや相互利益を拡大するための協定を結ぶ必要がある。現実的に、ロシアの極東と北朝鮮間の経済－文化的協力が可能である。過去においても、協力した先例が多くあって、そのような基盤が未来の展望をより明るくしてくれるでしょう。」

彼の答えは止まることがなかった。「ところで、貴方はなぜ汽車で旅行をするんですか？」

私は耐えられず、いつも最も知りたい質問を投げかけた。彼は大きく笑いながら、「官僚たちは、私を「高所恐怖症患者」にしたがる」、と答えた。しかし、実はそうではない、と付け加えた。

「飛行機に乗っていけば、私が何を分かるようになると思いますか？　何もないです。政治家とだけは対話を分かち合うことが出来るでしょう。しかし、私は自分の目でロシアの長所も短所も直接見たいのです。これからモスクワ訪問が可能になれば飛行機に乗り、もし極東へ行くことになれば、汽車を使うつもりです。」

ロシアに対するはじめての印象を尋ねてみた。

「すべてのことを直接自分の眼で見ることができ、本当に嬉しいです。ロシアにどのような改革が行われ、その成果はどのようであるかを、少しも隠さず、ありのまま見せて下さり感謝しています。私は、開放的で友好的な友人に会っています。彼らは彼ら自身の経験を喜んで分けようとする人々であります。」

最後に、またロシアを訪ねる計画があるのかを訊いた。

「もしロシアをまた訪問するようになれば、必ずロシアの女性記者を招いて長い飛行時間のなかで、その記者が限りなく質問を投げかけられるようにしたいです。」

金正日は神秘的な微笑と共に、鋭い言葉でインタビューが終わったのを知らせてくれた。私は繰り返し感謝の意を伝えた後、自分のテーブルに戻った。

サロンのなかで、ロシアの民謡とソ連時代の祖国賛歌が広がり始めた。北朝鮮の人々が雰囲気を導きながら、ダンスを踊り始めた。金正日の随行員がロシア女性たち、コムソモリスク都市舞踊団の女性俳優に踊りを申し込んだ。ワルツとタンゴの旋律が交錯し、北朝鮮の人々は美しく飾られている民族衣装を着たロシア女性とホールを踊りながら回った。

北朝鮮代表団の一人が数回にわたって私に踊ろうと求めてきた。彼は、労働党中央委員会所属であった。彼は、むかし、モスクワで勉強したことがあると自分を紹介し、我々はロシア語で対話を交わした。短い休憩時間に、友情の乾杯が繰り返された。そして、我々は皆、自分の席に戻ったのである。

先の北朝鮮の男性が近づき、ロシア代表団の杯にウオッカを注ぎはじめた。たぶんその北朝鮮の人（男性）は私がミネラル・ウオーターだけを飲むのを見て、何とか雰囲気を変える必要性を感じたようである。私は驚きながら、私の意思を聞きもしないで、満ち溢れるように酒を注ぐその人に、首を横に振った。しかし、北朝鮮友人は執拗ではなかったが、断固として、私の前に杯を突き出した。結局、彼と杯を押したり引いたりするうちに、ブラウスにウオッカをこぼして、醜い染みを作ってしまった。

お客を遇する立場からは北朝鮮のお客の提案を受けなければならなかったかも知れない。しかし、彼も紳士として、私の意思をまず配慮しなければならず、男性にするように女性にウオッカを勧めてはならなかった。見守っていた北朝鮮の通訳官が出てきて、緊張した雰囲気をほどいてくれた。彼はまた私の背中から近づき耳打ちしてくれた。

「杯に口付けして、少しすする真似をしたら如何でしょうか。」

私が杯を取りお酒を少し飲んでテーブルに置くことで、この小さいわだかまりは解消されたかに見えた。しかし、その男性も簡単には引き下がらなかった。音楽が流れるや彼は私に近付き、また手を差し伸べた。私はウオッカをこぼした人とは踊りたくない旨を示して、断じて拒んだ。拒絶で感情を害し、彼は不満な表情で自分の席に戻り、隣りの人になにかをささやいた。

その時に、金正日が席から立ち上がった。参加者たちは、彼が席を立つと思い、礼儀上皆立ち上がった。

しかし、彼はテーブルから立ち上がり、まっすぐ向かって私に近づいて来た。そして、礼儀を心得た姿で、手を差し出してワルツを申し込んだ。彼はまるで、良い舞踊専門学校を卒業したように、りっぱにワルツを踊った。メロディの終りの拍子で踊りを終り、感謝の表示で会釈をしたので、私も軽く答礼した。このワルツの旋律は、今も私の耳に生々しく残っている。

第九章　アムール川への遊覧

昔、金正日が伝説的なモーター船である「モスクワ－75号」に乗ってアムール川を遊覧し、とても満足したという事実を知っていて、私は彼にアムール川を遊覧することを勧めた。「モスクワ－75号」は、その名のお陰で、ハバロフスクのお客にアムール川を案内することが決まった時に、再び選択された。モーター船は特殊遊覧船として新装された。

マレイシア総理、党書記長の息子として父親の執権期に、旧ソ連貿易副次官であったレオナルド・イリイチ・ブレジネフ、そして、二十年前にソ連行政部高位官僚であったアリイイェフ・アゼルバイジャン大統領などがこの船で遊覧したことがあった。しかし、「モスクワ－75号」の最も大切なお客は金正日であった。

モーター船の船長は三日前にようやく自分が北朝鮮の指導者を迎える役割を受け持つようになったことが分かったのである。彼は、事情を聞くや否や、まず船をドックに入れた後、九人の乗務員が旅客船の、竜骨部分から、部品に至るまで、きれいに磨いたり掃除をした。マレイシア総理が訪問した際には、準備するだけで十日かかった。その時に甲板はリノリウムをジュウタンに換えたり二基のエアコンを設置した。

マレイシア総理がアムール川べりに沿って遊覧した後、しばしばそうであったように、エアコンはとり外したが、その後再び取り付けなければならなかった。

金正日が到着する一日前に、「モスクワ－75号」のすべての整備作業は完了されたのであり、技術的な問題もすべて解決された。モーター船を水の上に浮かばせ、特殊船舶場に運送し、警護隊員も配置した。一人は爆発物を探索するために、船の隅々まで調べたのである。

早朝からハバロフスク空港の中にある、一九六一年に建てられたレストラン・アクアリウム（水族館）から金正日の乗っていた船に、料理が運ばれた。お昼の食事担当は、料理の面で国際的な名声を持つ、支配人であるマラトの父親であった。彼はレストランで働きながら、さまざまな国家の貴賓を接待して来たのであり、彼に関わる多くの興味深い裏話があった。

ある時、某ラテン・アメリカの指導者は肉料理が出るやびっくりしたことがあった。彼は菜食主義者だったからである。したがって、お茶とコーヒーの替わりに、熱い牛乳一杯の方を喜んだ。これに気づいた「アクアリウム」の支配人がすばやく空港にあるカフェに行って牛乳を買ってきたのである。一般的なエチケットに従えば、魚は骨のない状態で料理をしなければならないが、彼は、この指導者が菜食主義者であることを考え、魚をありのままの姿で運んできた。

また、チェコのハベル大統領が日本を訪問する道に、暫くハバロフスク空港に留まったことがあった。ハベルはかなり酷い胃腸病を患っていた。これを知った食堂は、彼のために、特別な肉スープを準備した。

ロシア最初の大統領であったボリス・エルツィンは随行員として医師と個人料理師たちを連れていた。この時も食事はマラトの父に委ねられていた。みじん切りにしたものを中に詰めた後、羽毛を付けた雉、そしてつやつやした一・五メートルの鱶《ふか》が準備された。エルツィン個人料理師は、このような辺境に珍しい料理を作れる腕前のよい料理師がいるという事実に驚嘆した。モスクワ人が普通極東地域に来訪したらいろいろと驚く傾向がある。これは、モスクワ中心部住民だけに現れる特異な現象である。

「アクアリウム」レストランに金正日のための食事を準備せよ、という事前の要請はなかった。しかし、北朝鮮人の趣向を知り、海産物で作った料理をより多く準備した。金正日はあれこれの食べ物を試してみて、満足していた。ロシアの辺傍の料理師が、フランスまで出掛けて研修した自分の専属料理師に劣らないということが直ぐ明らかになった。

金正日の訪問は全く予期されてない事件で印されている、「アクアリウム」支配人の生活に興味あるもう一ページを付け加えてくれた。アムール川遊覧が終わって、金正日の補佐官が彼に近づき、黒色の「ボロジノ」パンを指しながら流暢なロシア語で尋ねた。

「このパンを買えますか？ 金はお支払い致します。」

料理師は北朝鮮人にパンをお土産で、ただで差し上げると約束した。「パンがどれほど必要でありますか？」と尋ねたら十個という答えが返ってきた。レストラン支配人は電話で「ボロジノ」パンを持って来るように注文した。

ところが随行員のもう一人が、改めて「二十個も可能ですか？」と、尋ねた。そのために、海岸からパンを運ぶ仕事を担当していたレストラン支配人とその補佐官は、他の一行に遅れ、汽車駅に至って漸く北－露代表団に追いつくことができた。しかし、すでに、汽車は出発した後だから、大変である。それでも、金正日の補佐官は平常心を失わず、自分が領導者より先に平壌に到着するはずであり、ハバロフスク空港に飛行機が到着すれば、それに乗って行くと、話していた。それで、パンをどのように新鮮な状態で保管するか、という問題だけが残ることになった。

支配人は、これまでシベリア村落で愛用されている旧冷凍方式について、話してあげた。方法は簡単であった。パンを小切れにして凍らせる。そして、温度を零下二十度以下で維持する方法であった。パンを保存する方法を学んだ北朝鮮補佐官はパンの塊が入ったカバンを持って空港に向かった。

アムール川遊覧は、午後一時に予定されていた。アムール川で十六歳から船員として働いてきた船長はどんな乗務員よりもモーター船作動方法に精通していた。金正日のアムール川遊覧には三隻の船が同行した。前方には小さい警備船「巡察号－4」が導き、その後には「モスクワ－75号」が、それに続き、双子大型船である「モスクワ－205号」が後についた。北朝鮮統治者と公式随行員が乗船しているという自慢心、および愉快さが混じった雰囲気のなかで、双子大型旅客船が出港したのである。

アムール川遊覧は二時間ほどかかった。金正日はただ一度、新鮮な空気を吸うために、外の甲板に上がってきただけであった。三隻の船で構成されていた隊列は、はじめは海流に沿って下流へ一五キロメートル程度遊泳し、その後、出発点である停泊地に戻った。遊覧をした後、遊覧船船長に北朝鮮労働党記念メダルが授与され、北朝鮮からアムール川遊覧船に配達された。船長は、いまや自分を北朝鮮の誇らしい労働者として自負しても良さそうであった。

第十章　力とユーモアが溢れる人物

金正日の極東地方の旅行日程は矢のように過ぎた。彼は敏捷に軽快に船舶用の階段を登ったのであり、まるで頂上を征服する登山家のように高地にある行政機関や工場の険しい階段を登って行った。

彼が工場を回る時に、やむを得ず安全規則を無視しなければならないことが発生した。工場では、金正日とその随行員たちのために、機械工たちが使う白い鉄兜と赤い鉄兜を新しいもので準備しておいた。金正日は造船所でいろいろと鉄帽をかぶって見たが、彼の大砲玉のような大きな頭に合うものはなかった。やむを得ず帽子をかぶらないまま、工場を視察した。ロシアと北朝鮮警護員たちは全神経を集中して、工場上空の天井を注視しなければならなかった。彼らは、万が一、天井から壁石、小さい鉄板などが落ちた場合、自らの頭を喜んで差し出す覚悟をしていたようである。

金正日が身体的に強靭な人であるということは、彼の強くて熱情的な握手によってでも推測が可能である。背が一八五センチメートルのロシア勇士である沿海州派遣連邦監督官セルゲイ・セルュシュトクは北朝鮮統治者と挨拶をした後、彼の力強い握手について次のように述べている。

「彼の手は、まるで、鉄板圧着機のようで、彼はその手で私の手を、きゅうっと抑えた。」

参戦記念塔の前で

多くの人々が金正日は疑うことなく、驚くほどの活力を持っており、それで強い握力を持っているようである、と評価している。

彼の健康は自らの生の悦びを維持するために、助けになるようである。多くのロシアや欧米の記者は、北朝鮮統治者が憂鬱で外部世界についてよく知らず、閉鎖的で、石のような硬い表情をする人であると書いてきた。しかし、五日間、金正日に密着同行しながら、微笑を浮かべたり、大きく笑うときに、彼の顔がどれほど生々とした表情になるか、またどれほど情緒的で鋭敏な人であるかを、私の眼で確認することが出来た。

ハバロフスクで軍事博物館を訪問している時に、彼が投げかけた冗談は、周辺の者を大笑いに変えた。金正日は博物館から虎が描かれた絵をお土産でもらった。しかし、不思議にも、北朝鮮代表団もまた、虎の絵を博物館に寄付する予定であった。それで、金正日は素早く言ったのである。

「我ら情報要員たちが、虎を交換しようと勧めたのは本当に良くやったことでありましたね。我々は事前に貴方たちのお土産を知っておりましたからね。」

しゃがれ声のような金正日の声音《こわね》は、いつもめだっていた。しゃがれた声音は、たぶん長い間に楽しんできた喫煙のせいかも知れない。彼は側近たちに、望めばタバコを止められると自信に満ちた顔で言っている。そして、実際に、二十一世紀に入って、金正日はタバコを止めると辛抱強い決心をしており、今はタバコを吸っていない。数多くの彼の戦友たち、軍高位将星たち、軍団と師団の指揮官たちは金正日最高司令官を真似てタバコを止めた。勿論、一般人民軍たちには良質のタバコが引き続き提供されている。

歴史的に、スターリンとウィンストン・チャーチル英首相が愛煙家であった、という事実はよく知られている。二人とも、絶えずタバコを吸った。スターリンは自身の愛用タバコである「ヘルツェゴビナ・プロル」が入っているパイプを口から放さなかった。チャーチルは続けさまに、キューバ産のシガレット（葉巻き）をパクパクと吸った。それにも拘わらず、二人は非常に長く生きた。スターリンは七十三歳、チャーチルは九十一歳まで生きた。金正日もやはり長寿するだろうと思うが、いま彼はタバコを止めたのだから、彼らよりさらに長く生きるかも知れない。金正日には、他の人々と際立って見える個性、すなわち鮮明に現れる男性的なカリスマがある。

第十一章　忠誠を尽くす警護隊員たち

金正日が極東旅行を行う間、彼の安全はロシア連邦警護隊所属将校たちが担当した。彼がハバロフスク、ウラジオストク、コムソモリスクなどを旅行する時には、華麗な服を着た巨躯の警護員がいつも五メートルほど先に歩いて行った。彼らは自らの大きな体で、ビデオと録音機を金正日の顔の前に差し出しそうと狙う記者たちをかなり遠くに離しておいた。彼らは、ウラジオストクから貿易センターを訪問する道で、絶えず執拗に金正日に近づこうとする一人の地方通信員を瞬時に阻止したのである。金正日は彼らに特別に感謝した。

もう一人のロシア警護将校は私服を着て、金正日と肩を並べて立ち、影のように随行した。彼は突き抜けて見えるような鋭い視線で周囲のすべての人々を監視したのであり、北朝鮮統治者の道の前にある障害物を前もって把握し、事前に金正日の注意を喚起したのである。かなり危険な場所においては、金正日に手を差し伸べて何も言わずに、助けることもあった。

ロシア警護員たちはみんな背が高く、頑丈であった。反面、北朝鮮警護員は均衡が取れており、より繊細であった。彼らは、可能な限り放送記者と写真記者たちが撮影することを妨害しないように努力してい

記念塔を視まわる金正日委員長

たが、彼らを制止すべき時には断固として行動したのである。

記者団が同席することが望ましくないと判断されれば、警護員たちは妥協せず、金正日同志に障害にならないように、記者たちが立つべきところを命令口調で指し示すこともある。しかし、親愛なる指導者の警護員たちは極東地域に駐在する北朝鮮記者たちにはほとんど完全な行動の自由を許していた。勿論、ハバロフスクで北朝鮮記者たちが取材できなかったこともあった。撮影が禁止された極東軍管区司令部に入ることは許されなかったからである。どんな手段を用いても建物のなかに入ろうとした記者たちの粘り強い努力も結局は失敗に終わったのである。

北朝鮮警護員たちは訓練がよくできており、強靭で根気があった。金正日がウラジオストクにあったある貿易港を訪問する最中に、暴風雨が襲ったことがあった。風のためにほとんど歩けない状態で、そのうえ冷たい雨が強く降っていた。代表団のために、港に車輌は止めたが、警護員たちは土砂降りの雨にそのまま濡れながら金正日の隣に立って、まるで強風や雨さえも感じないようであった。彼らはびっしょり濡れていたが、全く気にする気配はなかった。

ハバロフスクで、私は偶然な機会に警察の「先導車」に乗ることがあった。この車輌は金正日の安全のために、彼の行列よりいつも前を走っていたので、そのように呼ばれた。運転手の隣りには、ハバロフスクの警察庁長である大佐が肩を並べて座っていた。

運行の途中で、左から突然に北朝鮮の伝統的な服装を着た一群の人々が現れた。彼らは、手に手に、花束を持っていて、歩道から車道に飛び出て、金正日のメルセデス・ベンツが通る道を花で覆うような勢いであった。警察車の運転手が、北朝鮮住民たちを車道から引き離そうとして、脅かすために道端の方に走ると、助手席に座っていた大佐が急に激しい声で怒鳴った。

「君は何をしているのか！　車の前に子どもでも急に飛び出したらどうする。無条件で道の真ん中に向かっていけ。歩道は他の部署にまかせなさい。」

車は再び車道の中央に移動し、鉄砲弾のように、突進して行った。そのとき私は、二〇〇一年の金正日の訪問時には、身辺安全をどのように保障したのかが知りたくなった。大佐は、今は少し都合が悪いので、のちに少し落ち着いた状況のなかで話してあげると言って、口をつぐんだ。

のちに、彼から聞いた話によると、当時、金正日の身辺警護のために投入された警察官の数は、おおよそ千余名に達したという。国家自治監督部は金正日のために、予定された全ての行列車輛を隈なく検査した。ブレーキが正常に作動されるかどうかを確認するために、日本製の自動車とジープ車、ドイツ製の「メルセデス・ベンツ」、ロシア製の「ボルガ」など車種を構わずに徹底的に調べた。それぞれの車輛の傍には警備隊が配置された。

八月十二日と十三日の夜の間には、警察官たちが汽車駅前の広場を奇麗に清掃した。広場に立っている一般車輛の運転手たちには、他の場所に移動するように強く要求した。だから、十三日の朝、金正日を乗せた特急列車が到着した時に、広場はがらんと空いていた。

午前九時、北朝鮮代表団はハバロフスクの観光を行った。速度は最大八〇キロメートルを維持した。二台の先導車が前に走り、その後ろには他の車輛が列をなして追って行った。行列が通る街道の車輛通行は電車、無軌道電車、およびバス以外は全て統制されていた。金正日が駅から出発すると、それさえも全て止めてしまった。

ハバロフスクの町でも、北朝鮮統治者に対する全ての安全措置が取られた。交錯路でトラック一台が急に飛び出して警護隊を非常に緊張させた。それは映画でしばしば見られる場面のようであった。警護隊員はトラックを止めるには止めたが、それを適当な所へ移動させることはできなかった。結局、車の行列は注意深く、障害物を迂回せざるを得なかった。

金正日が訪問する予定になっていた博物館、商店および幼稚院は、二時間前から警察の巡察犬の検査を受けていた。これらの警察犬はチェチェンでも活躍したことがあった。幸いに、心配するようなことは全く見つからず、これに関する報告書がすぐ連邦国防警備隊と連邦治安警備隊に送られた。

また、金正日が通って行く道にある建物の地下室と屋上もくまなく捜索された。地下室は鍵を閉めて、鍵がない所には警察を配置した。「高層」警備は屋上から安全を検査した。金正日の訪問期間の間に、すべての極東都市では、如何なる特急輸送車輌も通らなかった。ロシア秩序の守護者たちはそれぞれ自らの任務を正確に、そして誠実に遂行したのである。

第十二章　労働者に握られた剣

再び、二〇〇二年八月、金正日の車輛行列は、お花を持って迎えに出て来た北朝鮮の歓迎の人波で満ちた街道を通り、そのまま製薬会社「タルキム」に向かった。

この工場は水薬と錠剤を生産し、極東全地域に供給する会社で、販売規模においてはロシアにおける十大製薬会社の一つである。

北朝鮮のお客様は、薬を生産する工場に案内された。まず、靴下、帽子および眼が眩しいほどの白いガウンが渡された。金正日がガウンを着ると、まるで医科大学の教授に見えた。北朝鮮記者たちは手を振りながら、特殊服を着ないことによって、衛生法を無視したのである。彼らはいつも指導者を押しのけて前に進み、極東訪問で最も面白い瞬間を撮ろうと必死になっていた。

金正日は照明が悪い、細くて長い廊下に沿って前に進んで行った。廊下の壁はガラスがはめ込まれた窓で明るく光っていて、窓を通して薬剤を製造する過程を見ることが出来た。そこからはあまり好ましいとはいえない臭いが漏れてきていた。お客様が希望すれば工場内に入れる、と知らせたが彼は危ない製品があるところに入りたがらなかった。

この招待は、北朝鮮の記者たちは該当するものではなかったにも拘わらず、彼らを鼓舞させた。彼らは敏捷に、工場の中に走って入り、女性の薬剤師、動いているベルト・コンベアとその上に転がって行く錠剤をカメラで撮った。その後、ガラス窓から、この会社の首席技術者の説明を傾聴している親愛なる指導者を収めた。

注射器工場では、重苦しく響く音がした。ガラス瓶に透明な水薬が詰められて、鉛で封印された。封印する釜はメリーゴーランド式の作業隊を連想させた。青い色の炎がちょろちょろと舌なめずりをする。熱い熱気を感じたのか、金正日は回転する風炉の傍に近づく事はなかった。風炉は三列に置かれており、初めのラインは安全のために火を消して置いていた。技術工程は二番目の列でのみ行われていた。バーナーから噴出して来る火が強い勢いの音を出していた。その時に、突然、機関銃発射の音と似通った大きな音が響いてきた。瞬間、ロシアと北朝鮮の警護員たちは密集して金正日を囲み、この脅威的な音の発生源を確認するために、鋭く辺りを見回していた。金正日はまゆ一つ動かす気配はなかった。会社社長は焦ってバーナーからゴム管が外れる際に、ガスが漏れて生じた音であると説明したのである。

金正日に、ウスリースクのトラの野生、エレウテロコック（極東で生産される薬用植物の一つ：訳者注）、山朝鮮人参で製造した強壮剤薬酒のお土産セット、鹿の角で採集した強壮剤、しま鹿の若い鹿茸（鹿の若角）によって製造した薬酒がお土産として提供された。彼は、深くうなずき、強壮用薬剤の効用を良く知っているようにふるまった。

製薬会社の出口で、白いガウンを脱いだ金正日は、「医学教授」から再び神秘に包まれた北朝鮮の指導者に戻ったのである。しかし、「ドクトル・アイバリット」（ロシアの古い童話の主人公で、アパート病院で治療を受けられない動物を親切に治療をしてあげた善良な医師：訳者注）は、記憶にだけではなく、私の写真にも残っている。

午後に、金正日は「アムール電線」工場を訪問した。一時、この工場の製品は、ソ連の全ての共和国に供給されたばかりではなく、外国にも輸出されていた。北朝鮮には通信用電線が、また韓国には船舶修理用電気配線が輸出された。電線コイルでくるくる巻かれた巨大な作業台があちこちにある工場内部は、薄暗くて見栄えが良くなかった。

金正日がこの工場に寄るというニュースは、一週間前に伝えられた。まず道路の裂け目を埋める作業が始まった。ニコライ・ヴァシーリエヴィチ・ゴーゴリ（一八〇九～一八五二、十九世紀前半のロシアの作家。小説「死せる魂」のなかで、ロシア地方道路の劣悪な状態をユーモラスに描いていた。：訳者注）時代から知られたように、ロシアの道路は永遠の悩みの種である。工場の敷地は卵のように、滑らかではないが、足の怪我をする心配はなく、歩くのに苦労する心配はなかった。

特殊警護チームは、一週間ずっと、塀の穴を通じて工場内に潜入する犬を捕まえた。彼らは数日前までは、全く食べる心配もなしに過ごしていたところであった。しかし、今は放置された犬はすべて檻のなかで過ごさねばならなくなった。

ある日の夜、支配人と労働組合委員長はもう一度工場内を回ってみることにした。このことは、大変賢い決定であった。乱暴に吼えながら彼らに飛び掛って来る汚い大きな犬を見つけたからである。この犬は、工場の罪人になったが、その後、すぐ赦免になり、この工場の見張り役に任命されるようになった。しかし、いざ「アムール電線」で発生した非常事態の原因を提供したものは犬ではなかった。まさに、工場労働者の手に握られた鉄の刀であった。

アムール電線工場を訪問する金正日委員長

金正日が工場内を周っている渦中においても、生産工程は元来予定された通りに進行されていた。北朝鮮の貴賓が工場を訪問したからといって、作業が延ばされることはなかった。そのような作業態度に対し、金正日は敬嘆したのであり、すべてのことが元来そのままの姿であり、全く見せかけでないということを示してくれたことに、彼は満足した。

生産技術工程の中で、一人の労働者が刀で電線を切断しなければならない部分があった。

前日の夜も、この不幸な人は、ずっと同一な作業だけを繰り返していた。刀を握って振り回す彼は、ほかの事は想像することができなかった。本当に真正なソ連時代の若者として、自らに与えられた任務を黙々と遂行しながら殆どの夜を過ごしたのである。そして、つぎの日、言葉だけでなく行動で、すべてのことがどのように進行されて行くのかを見せてあげるために、朝早く起きた。彼は、さきに工場に来ていた警護員に状況を説明したのである。刀をとって、自分に与えられた仕事の性格を詳しく説明して、納得させようとした。警護員たちは、刀をあれこれ注意してみた後、彼を褒めたのである。

彼は、金正日が見る前で、電線を切る仕事をする際に、大変震えたと、後に、打ち明けたのである。彼は、本当に我々の時代の英雄であった。金正日は彼の直ぐ傍に立っていた。この労働者が手に刀を持って電線を切る時、彼の内面で揺れていて、ドキドキしていた熱い感動は、全く想像することができなかっただろう。

第十三章　ロシア正教に心酔する

二〇〇一年、金正日がハバロフスクに滞在した当時、彼は都市の中央広場に、ロシア正教の聖堂が建てられるのを見たことがある。北朝鮮指導者たちは、翌年の訪問日程に、この聖堂の訪問を含めるよう要求してきた。彼に、現在、利用されている聖・インノケンティ・イルクーック聖堂を訪問することを進めたところ、彼は、随行員たちと共に、二〇〇二年八月二十二日、その聖堂を訪問した。

聖堂の垣根の向こうで、警察官たちはただメルセデス・ベンツだけを通過させて、他の自動車は門の前に止めて置くようにした。金正日が聖堂内に入っていくと、健丈でかつ長く茂った髭《ひげ》を持つ銀髪の主任司祭であるイゴリ神父が彼を迎えた。北朝鮮統治者はハバロフスク聖堂の内部装飾に深い感銘を受けたようであった。彼は司祭が説明してくれる正教聖堂の歴史に関心を持っていた。

イゴリ神父は、聖堂が百四年前に建てられたと伝えた。土台を固めたのは、兵士たちが木材を切り倒した一八五九年と推定される。時間が経った後、その場所に石造聖堂が建てられた。しかし、一九一七年十月、社会主義革命以後、聖・インノケンティ聖堂は大多数のロシア教区と運命を共にした。一九三一年聖堂は閉鎖されて、建物は軍機関に移譲されたのである。屋根の日よけは崩れ、北側玄関と南側玄関もなくなり、華麗な内部装飾は痕跡もなしに消えてしまった。ハバロフスクに天文観測所が建てられるや、崩れた聖堂の煉瓦は建築資材として用いられ、そこに見られる細部装飾として残るようになった。

旧ソ連権力は聖堂があったところにしばしば天文観測所を建てていた。このような天文観測所がアンガラ川流域のイルクーツクの旧聖堂にも建てられた。一九九二年、ハバロフスクでは損壊された建物が再び信徒たちに渡され、聖堂復旧は十年に亘って行われた。二〇〇二年六月五日に、聖堂は華麗な照明を浴びながら壮厳な威容を現し、再び教区の信徒たちを迎え入れたのである。

金正日は言葉を忘れて、長くて悲しいお話を聞いた後、質問を投げかけた。質問は大変真摯なもので、かつ具体的なものであったので、北朝鮮指導者がロシア正教を受け入れる準備が出来ている

ロシア正教神父との歓談

ように見えたのである。

「懺悔と聖餐はどこで行いますか？ 聖歌隊席と祭壇は何ですか？ 正教とカトリックはどのように異なっていますか？ 聖画は誰を描いたものですか？」イゴリ司祭は詳細に答えた。

金正日は現代画が描かれた聖画に視線を注いだ。教会の主任司祭は、これは教会が聖人として推戴したピョートル・ウシャコフを描いた聖画であると話した。

実は、ウシャコフはロシア海軍司令官で、かつ提督であったのであり、ロシアのために黒海を通って大西洋への航路を開拓した人である。彼の艦隊はただ一度も敗北したことのない無敵艦隊であった。ウシャコフは生涯、「信仰、皇帝、そして祖国」のため献身したのであり、引退した以後も、偉大な海軍司令官は大層なお金持ち

イルクーツク聖堂を参観する金正日委員長

として、大きな邸宅で心やすらかに生きることができたが、一方では修道院から遠くない村に定着して余生を神様に奉仕しながら過ごしたのである。

ハバロフスク聖堂に掛けられたウシャコフの聖画は特別であった。聖人の右側には星の模様が深く刻まれた祭器が置かれていた。その中には、偉大なロシア海軍司令官墓地からハバロフスクに送られた提督の遺骨の一部が入っていた。金正日は、聖画とウシャコフ前海軍司令官に関し、特別な関心を示していた。彼自身が北朝鮮人民軍の最高司令官であり、多くの時間を北朝鮮兵士や将校たちの士気を高めることに砕身しているからであろうか。

ロシア記者たちのなかで、ある人々は金正日が十字を切ったと書いており、ある人は別れる時にイゴリ主任司祭が、彼に十字を切ってあげたと伝えている。しかし、実際にそのようなことはなかった。正教信者であるロシア警護員たちとロシア代表団員たちが聖堂に入って、伝統にしたがって十字を切ったのであり、金正日は習慣的に頬を擦るために、手をあげただけである。彼は聖堂のなかに四十分ほど留まった。

聖インノケンティ・イルクーツク聖堂を離れる時に、金正日は深い物思いに沈んでいた。途中の道で歩きを止めて、眼を上げて空を見あげていた。陽光が強く差し込んでくる長閑で麗らかな日であり、日差しはまるで良い兆しであるかのように、十字架で飾られた金色の屋根の上で踊っていた。鐘の音が鳴り響いた。金正日は随行員たちに、平壌にロシア正教聖堂を建てるよう指示した。そして、また自身の言葉を忘れてはいなかった。

彼が極東を旅行してから半年が過ぎた後、北朝鮮正教委員会代表団がロシアを訪れてモスクワ、ハバロフスク、ウラジオストクの正教聖堂を訪問し、建築様式、聖堂壁画、内部装飾，儀式などに接した。ウラジオストクの正教学校内にある聖キリルとメポジ聖堂を訪問し、教室の中に入って、戒律授業を参観し、学生たちの音楽会も真剣に見守ったのである。おそらくいつの日にか、私は平壌に建てられた正教聖堂のなかに立っているようになるだろう。

第十四章　極東軍事基地を訪問する

ハバロフスクで、金正日は極東軍事基地の一部隊のなかに暫く泊ったことがある。彼を迎えた人は、その基地を総指揮するユーリー・ヤクボフ将軍であった。運動器具が積まれた軍隊の練兵場とサッカー競技場には数百名の兵士たちが軍服のままで、鉄棒にぶら下がったり、肉迫戦を習ったりして、苦しい訓練を行っていた。北朝鮮から来たお客さんに、ロシア軍人の強靭さ、敏捷さ、持久力および勇敢さを見せてあげるのが彼らの任務であった。

基地司令官は金正日を案内しながら、戦闘技術を一つ一つ説明した。タンク、機関銃、大砲の前で金正日は暫く足を止めてロシア将校の説明を聞いていた。北朝鮮代表団が最も関心を示したのは歩兵用銃BMP－2とBMP－3、タンクT－80、誘導武器、高射砲－ロケット、コムポジションなどであった。

金正日は、銃が陳列された木製の長い机の前で最も長く立っていた。機関銃を直接に手でなでて見ていた。二〇〇一年プリコフスキーが同様な銃をお土産にあげながら、「これが祖国の自由のために戦い、ヨーロッパのファシストから祖国を解放し、日本軍国主義者たちに対抗して戦ったソビエト兵士たちの武器」であると話した。金正日は興味深い面持ちで、お土産を受け取った。

「労働新聞」で指導者が軍部隊を訪問しながら、軍人たちとの会談を記念して機関銃を下賜したという記事を数多く読んだことがある。しかし、それらはすべて現代式であったのに反して、今の彼の手には、半世紀前の伝説的なソ連時代の武器が握られている。武器に愛着を持っていない男性があるだろうか。

半年が経った後、極東軍事基地で、ヤクボフ将軍と対談する機会があった時に、私はこれらの武器が実質的に、どれほど有用に使われているのかを尋ねた。現在にもこれらの武器はロシア軍隊をはじめ、他の国の軍隊の武器として使用されているとの答えであった。それと共に、ユーリー・ヤクボフは興味ある事実を知らせてくれた。北朝鮮人民軍総司令官である金正日がロシア語で書かれた武器説明書を注意深く読んでいた、ということである。金正日がロシア語を知っているという確証をもう一つ得たことになる。

自動車行列は軍部隊から極東軍管区司令部へ向かった。大佐の階級章を付

極東地域軍部隊の訪問

けた広報官が、本部では写真とビデオの撮影が全面的に禁止されていると言って、記者たちの出入を禁じた。北朝鮮とロシア記者たちの撮影装備は大変大きくて重かった。私は厳格に見える建物の守衛さんに、みすぼらしく見える「武器」であるペンとノートを見せて、比較的容易く司令部建物のなかに入ることができた。撮影装備のために、入ってこられない北朝鮮同僚たちは、愚痴をこぼしていた。

私がヤクボフ将軍と個別面談をしながら、それとなく、このエピソードを話すと、彼は大笑いしながら、自分の執務室の撮影を許した。意外にも事がうまく運ばれた。背が高く頑丈な将軍は部下に親切を施すような微笑を浮かべながら、一緒に並んで立った。しかし、残念ながらフィルムを現象して見ると、他の写真は異常がなかったが、極東軍管区司令部で撮った写真の場面だけは光が入ってプリントができなくなっていた。私は、今でもこのことが偶然の一致であるのか、疑問を持っている。

私のほかにも、一人の北朝鮮写真記者が本部で写真を撮影する幸運を得ることができた。金正日が随行員とともに、ヤクボフ将軍の執務室に入った時であった。その場では、北朝鮮－ロシア間の協力の展望に対する対話が交わされた。極東軍管区司令官は、極東の国境でロシア安全保障のために、ロシアの関連部隊が解決しなければならない課題を述べていた。

暫く時間がたった後、百年前の皇室陸軍幼年学校であった旧式の司令部建物のなかから、一人のロシア警備隊将校が急ぎ走ってきて、

「北朝鮮の写真記者をすぐ入らせるように！」と言った。

後で知ったことであったが、金正日がヤクボフ将軍と写真を撮りたいという、意思を示したからであった。北朝鮮統治者はロシア軍人のお客様接待を、特別な尊敬と信頼の証しとして受け入れたのである。ヤクボフ将軍は金正日との対話を回想しながら、北朝鮮代表団の立場で見る時に、秘密にしなければならない軍事基地の訪問を認めたことに対して、金正日が大きな驚きを示した、と述べた。

「我が国では、どんな外部の人であっても、高位軍将軍の執務室に招待できません。況《いわん》や、軍事基地と司令官の執務室に招待することは、一層不可能であります。」

しかし、ロシア将軍は自分のお客様に如何なる秘密も与えなかったのであり、彼らが見たのは国家機密でないものであった、と付け加えたのである。

金正日と別れながら、彼に軍隊式お土産である「コザック長剣」を差し上げた。これに対する北朝鮮統治者の答礼品は、非常に平和的なものであった。北朝鮮の伝統的画法による松と鶴が画かれた花瓶であった。

第十五章　「羅津港所長になってみたくはありませんか」

ウラジオストクの汽車駅では、地方政府大臣たちが金正日を迎えた。彼らは金正日の沿海州首都の訪問プログラムに対し、意見を交わし、ウラジオストクの貿易港、「ブラッドフラップ」会社、ショッピング・センター、「イクナト」、および青少年修練院である「アケアン」を訪問することにした。ところで、金正日は「アケアン」を視察することができなかった。プーチンとの首脳会談が予定されていて、彼は首脳会談前に自由時間を持ちたがっていたからである。

強力な台風によって汚いものが洗い流され、新たに塗られた建物、雨でピカピカ潤うアスファルトと新しい道路舗装用角石を敷いたウラジオストクは見たことがないほど美しく変わっていた。ウラジオストクは黒海都市ソチ、フランス休養都市ニース、米国の巨大都市ニューヨークとその大きさがほぼ同じである。

ノルウェーの探検家フリチョフ・ナンセンはウラジオストクをナポリと比較し、ソ連のニキータ・フルシチョフはウラジオストクがサンフランシスコと似かよって見えるとさえ言った。ウラジオストクからモスクワまで、ほぼ一万キロメートルのなかで、最も美しい建物の一つとして認められる名物は、まさにウラジオストク駅そのものである。一八九一年五月十九日、シベリア鉄道敷設と汽車駅が建設された時には、ロシア皇帝の継承者、未来のロシア皇帝ニコライ二世が参席した。汽車駅の壁には、未来の市民たちを記念して皇室家族が贈呈した銀製のタイルが貼られている。

北朝鮮統治者が到着した日、駅の広場にはビデオ・カメラを持った記者たちが列をなして立っていた。しかし、不幸にも彼らは、ただ一つのカットも撮れなかった。金正日がハバロフスクからウラジオストクに空輸された専用のメルセデス・ベンツに乗って、真っすぐ貿易港に向かって出発したからである。

暴雨が荒れ狂う東海（日本海）の波が船着場にぶつかって砕け何もかもも刺し通しそうな強風が吹き、氷のような雨が降りだした。

暴雨のために、港の作業は中断され、北朝鮮統治者は実質的には物と機械以外には見るものがなかった。船着場で二十年間自らの位置を守っているミハイル・ロブカノフ港管理所長が北朝鮮代表団を迎えた。沿海州が北朝鮮と国境を接しているために、彼はいつも北朝鮮関連情報に関心を持っている。北朝鮮関連資料を多く読み、主体思想を理解しようと努力していた。ナホトカにある北朝鮮総領事館から隣りの国に関する彼の関心を理解して、彼に北朝鮮創設者である金日成の著書が持続的に送られていた。

彼は北朝鮮統治者が船着場を訪問するかも知れないという連絡を受けて、大きな光栄であると思っていた。隣りのお客様が訪問するときには、ロシアの伝統に従い、彼らに手厚いもてなしをしなければならない、というのが彼の持論であった。のちに、ロブカノフは金正日の訪問を回想して、次のように語ったのである。

「金正日に対する考えが根本的に変わった。人々は彼を残忍な独裁者、閉鎖的な人と見なした。個人的に私は、金正日は良い教育を受けて教養があり、知的な訓練が行き届いているのを確認した。彼は、港湾運送に関連する専門家水準の知識を持っており、問題点と状況を正確に把握していた。」

お客様が到着する前に、彼は工場全体を回ってみて、金正日一行が通過することになっている道路を整備した。貨物を運送する団地とコンテナ・ターミナルを見せてあげることになっていた。それを通じて、港がどれほど機械化されていたか、どれほどの規模の貨物を取り扱っているのかを知りえるだろう。

港の指導部はお客様に花輪をあげて、歓迎挨拶をする女性を物色した。数十名の候補者が集まってきた。選ばれた彼女らはみな、魅力的な金髪の女性であった。その中の一人の女性は誰が見ても美人であったが、彼女は港の労働者であり、完璧なロシア美人であった。

巨大な水溜りに沿って、車輌の列が徐々に船着場に入ってきた。まず武骨な警護員たちが飛び出してきて、悪天候からお客様を保護するために、港の労働者たちが急造した青色屋根の防水天幕が周囲に敷設された。花を捧げる儀式の前に、一人の北朝鮮警護員が女性に、手を拭くためのアルコールで濡らした紙ナプキンを渡したが、しかし、金正日はいつ、どこでも、全く警戒なしに安心してすべての人々と挨拶を交わした。

港の労働者であるこの美人は、夜会服を着て、北朝鮮国防委員長が到着する前まで、夜通し、ロシア文字で書かれた朝鮮語挨拶を暗記した。ちょうど建設労働者として港で働いていた北朝鮮労働者たちが彼女の下手な朝鮮語に助力をした。彼らは、また、紙に「歓迎します。金正日同志」という文字を書いてあげた。朝鮮語をまったく知らない画家が文字を透明画紙に写して描き、それを官庁の建物に掛けたのである。興奮したせいなのか、あるいは寒いからであるのか、震えていた女性が北朝鮮統治者に花を差し上げた。ロブカノフは金正日に会社について説明した。

貴賓は港の管理所長の話を注意深く聞いていて、自然の脅威には、大きな関心を払わなかった。しかし、彼はやや軍隊式な薄い服を着ていたために、時間が過ぎると共に、厳しい風が次第に彼の体を苛《さいな》んだ。

彼は相手の話を身振りで、一時止めるようにして、手でバスを指しながら、そちらに行くように提案した。みなバスのなかに入って座席に座った。金正日がロブカノフに自分の隣りの席に座るように、と言った。彼らの後について、すべての随行員がバスのなかに入った。それは、座席は勿論、通路まで乗客で溢れる出退勤時間の市内幹線バスを連想させた。

金正日は港の作業内容について尋ねた。港の管理所長は北朝鮮指導者が朝鮮半島の北側にある羅津港の問題点を詳しく知っているのは勿論、南側の釜山港まで把握しているのには驚いた。金正日は両港の貨物運送、技術能力に対する正確な情報を知っていた。

話を交わしていた人々は急にバスが軽く揺れるのを感じた。車は、後ろの代表団が乗っていたリムジンを残したまま、ゆっくりと係船用ロープに沿って動いていた。ロシア連邦警護隊将校が港の責任者にバスが動けるかどうかを尋ねた。彼は肯定的な答えを聞いて運転手に声を掛けた。

「金正日委員長をコンテナ・ターミナルに案内することができますか?」

「できない理由がございません。」

老いた運転手が答えた後、命令に従って車を作動させた。悪天候という状況のなかで、これは大変賢い決定であった。専用ベンツの後ろに、軽自動車の行列を移動させるのは危険なことであった。穴がぼこぼこあいた道路と通信網を隠している巨大な水溜まりによって、約二十台で構成された軽自動車行列の足が縛られる可能性もあったからである。

北朝鮮統治者が乗っているバスの運転手は半世紀の間、港で働きながら港内のすべてを道路の欠陥に至るまでも一々把握しているために、車を最も安全な経路で運行することができた。

バスのなかでの対話は引き続き行われた。シベリア横断鉄道と北朝鮮縦断鉄道との連結に関連して、この船員と埠頭労働者たちに発生し得る問題点を北朝鮮統治者は良く見通していた。このことは改めて港管理所長の驚きをよび起した。ロブカノフは自らの見解を披露した。

「如何なる政府であっても、自らの交通体系を発展させなければならず、極東地域の住民もその過程に参加しなければなりません。それは、すでにロシアと北朝鮮の主導で始まっております。我々が努力すれば大きく進展するでしょう。いまや、韓国と日本の一部の貨物がウラジオストクやナホトカを経由せず、韓国の釜山を経由するようになれば、どのように沿海州にある港の損失を補うことができるかに関する方策を考える必要があります。」

　金正日はウラジオストク貿易港管理所長が、北朝鮮羅津港についてどれほど知っているかについて、気がかりだったようである。彼は肯定的な回答を得るや、予想外の質問を投げかけた。

「もしや羅津港の所長になる考えはございませんか？」

　彼は暫くためらってから、答えた。

「公式的な招待があれば、考えて見ます。」

　この対話は事実、冗談の性格を持つものであった。しかし、後に、ウラジオストク港の管理所長は、「必要であれば、ロシア側は羅津港の管理者ばかりではなく、他の分野においても、専門家を探して上げる事ができる」と話した。金正日は、引き続き羅津港とウラジオストク港を連携することを提案した。

　ロブカノフはロシアが羅津港を数年間租借するのは得になるだろうと答えた。羅津は北朝鮮の重要な港である。中国と隣接していて、中国貨物を移送することができるので、羅津を再び復興することができれば、沿海州の港とも充分競争が可能になる。ロブカノフはまず、北朝鮮の港を訪問し直接に調べてみた後、荷物の荷役と関連してウラジオストクと羅津間の協力方案を研究する必要があると述べた。

　バスがコンテナ・ターミナルに着いた。金正日と随行員たちで超満員になったこの車が決まった所に着くや否や、リムジンがぴったりと接近してきた。金正日が自分の専用車に席を移すと、車は港から出口の方へ動き始めた。「メルセデス」の傍に二人の警護員が巨大な水溜まりに沿って、一種の「生きている証」

として走った。リムジンが速度をあげると、走っていた青年たちは敏捷に「メルセデス」の後を追っていた車に飛び乗った。

このような金正日のウラジオストク貿易港の旅程は不屈の精神を持つ北朝鮮の記者を甚だしく苦しめた。彼らはバスに乗れなくて一カットの場面も撮ることができなかった。のちに、お昼の食事を済ました後、彼らは親愛する指導者が視察する予定であった地域へ特別に案内された。北朝鮮記者たちは、すべての生産現場と埠頭労働者たちの働く場面をカメラに生々しく撮ることによって、撮り逃した部分を補うことができたのである。

第十六章　先経済改革、後政治改革の道へ

金正日は昼食をとるため、港からカバン・ホテルに移動した。ロブカノフ・ウラジオストク貿易港管理所長は金正日が昼食を食べる前に、ホテルの客室に入って暫く休みながら、手でも洗ったらどうか、と提案した。しかし、北朝鮮警護員はその提案を拒否した。

北朝鮮－ロシア間の合意によれば、ホテル客室は特別に準備されていなかった。

しかし、ロブカノフは万一の場合に備えて、特別室を準備して置くように指示しておいた。彼は先見の明があった。金正日はカバン・ホテルに入るや否や、ホテルの部屋で暫く休めるかについて尋ねた。答弁を準備していなかった補佐官たちは戸惑った。大失敗であった！しかし、ロブカノフが彼らを安心させた。

「同志たち、心配しないで下さい。六階に来賓のための特別室が準備されています。」

金正日と港の管理所長、そして警護員たちがみな一緒に、エレベータに乗ると、エレベータがいっぱいになった。八人乗りであったが、すでに定員が超過しびくともしなかった。数名の警護員がエレベータから降りて、階段の方へ昇った。金正日は客室に入ったので、警護員たちは親愛する指導者に、特別室が安全であると確信させてあげた後、廊下に席をとった。金正日は客室内に補佐官一人と残り、他の人たちは

閉まったドアの後ろで、二十分程度の時間を送った。

カバン・ホテルでの昼食は北朝鮮とロシアの友情のための挨拶で始まった。ロブカノフが演説する順番がきた。彼は立ち上がって意外なことを金正日に尋ねた。

「金正日同志、私はどのように話をすべきでしょうか？　羅津港の所長として話しましょうか？　それでなければ、ウラジオストク港の所長を名乗りましょうか？」

みんなは明るく笑った。

「羅津港の所長として、お話して下さい。」、と金正日が話した。

ロブカノフが言葉をつなげて言った。

「私は、羅津港の所長として、輸送人たちの問題を良く知っておられる金正日指導者同志に会える幸運を得ました。しかし、ウラジオストク港の所長としても、私は運が良かったのです。我が国の指導者であるプーチン大統領もこのウラジオストクにいらっしゃいまして、極東の発展問題について協議したからであります。ロシア大統領もやはり、鉄道労働者たちの問題だけでなく、港湾労働者たちの問題を深く把握しておられます。

したがって、私は、両指導者同志のために乾杯を提案します。お二人のお陰で、両国関係が成功的に発展しているのであります。」

昼食をとりながら、すべての人々、特にロシア関係者たちは興味深く北朝鮮統治者の発言を傾聴していた。金正日はゴルバチョフ統治時代に、ソ連が北朝鮮を多くの難しい問題に直面させたままだったために、心を痛めました。ロシアはまず、政治改革への道を歩み、その後、経済改革への道を歩んだ。しかし、北朝鮮はすべてのことを、その逆にしなければならなかった。彼は、中国の改革を注意深く研究した結果、彼らの経験を真似て次第に、市場経済要素を導入し、その後に、政治改革を成し遂げなければならない、という結論に到達したと述べたのである。

金正日の声は、次第に高くなっていった。

「ゴルバチョフ時代のソ連連邦共産党は我々を困窮に追い込みました。しかし、いまロシアの人民はどうでしょうか？　私は、いつもロシア人民を尊敬する心で対して来ました。私がなぜ列車で旅行しているのでしょうか？　私は、ロシア人を知りたいし、その精神を理解したいからであります。

そうです。実質的に人民は変化しておりません。人民は変わらず強くて善良であり、意思が強いです。私は、コムソモリスクとハバロフスクで防衛産業体を訪問しながら、この点をもう一度確認しました。そこで、ロシア人たちの潜在力と活力を感じることができました。彼らには、強い精神力が温存、保存されています。

なぜ私が一時間ずっとハバロフスクの聖堂に立って鐘の音を聞いていたのかを理解した人は少ないようです。私はただロシア民族の心琴から出てくる正教信仰に染まって見たかったからです。私はすでにそうした聖堂を我が首都平壌に建てるよう命令しておきました。

彼は随行した建設担当官僚に聖堂を建てるのに必要な時間がどれほど掛かるのかを尋ねた。「一年ほどかかる」という答えがあった。引き続き外相に質問した。

「貴方は外国にいる時、教会を訪問しますか？　そうしないでしょう。どうしてでしょうか。貴方は必ず、その国の人々がどのように暮らしているかを研究しなければなりません。」

彼は、極東にいるロシアの画家たちに平壌で建てる聖堂の内部壁画を画いてもらいたいことをほのめかした。

「信徒たちは我々が直接集めます」

金正日は共産党の役割に関する見解も披瀝した。「ソ連邦では共産党はいつも人民の上に君臨した」と言い、「共産党は人民と共にいなければならず、人民と離れてはならない」と述べた。

北朝鮮統治者は南北統一についても言及した。「朝鮮半島に暮らす全ての人民が願っているので、統一は必ず、成し遂げられる」と強調した。

「我々指導者たちは、人民の熱望に耳を傾けなければなりません。」

その他にも、多くの主題はとり上げられた。参加者たちは、天気、漁業、すまし汁などについて話を交わした。お昼の食事時間が長くなった。金正日が再び冗談のように、ロブカノフに話を投げかけた。

「こうした見解に対し、羅津港所長はどのように考えますか？」

ロブカノフは北朝鮮指導者が人民たちの暮らしの向上のために、国家計画が良くできるように彼に、忍耐、力、知恵を与えることを祈った。彼は金正日に海洋用気圧計をお土産にあげながら、その機械が前に進む道をいつもはっきりと示してくれることを希望した。彼は、港関係者に答礼品として、北朝鮮の絵をあげた。その絵には、飛び終わった後に川で休んでいる鶴が、小さく描かれていた。

ロシア警護チームは、貴賓訪問があった前日、カバン・ホテルを細心に検査した。爆発物探知用巡察犬を先に歩かせながら、ホテル内部を隅々まで調べた。犬は換風溝までくまなくしらべたのであり、食堂では食品倉庫のなかまで検査した。支配人たちは、むしろこの犬が食品の安全性に及ぼす悪影響を注意深く心配した。「もしかしたら、この犬が肉を食い逃げしたりはしないでしょうか?」警護チームは巡察犬の興味を引くのは爆発物だけで、巡察犬には警察の方が充分な肉を提供していると、彼を安心させた。

昼食をとりながら、金正日のために三人の料理師が「魔法をかけた。」金正日がサロ（豚の脂をオーブンで焼いた料理）を好んでいることを知り、料理師たちは三種類を前もって買っておいた。

都市伝染病を防ぐ任務を負っている衛生庁は警備員まで派遣して食べ物のサンプルを分析した。お昼の時間の直前、食堂に金正日警護チームから派遣した医師が現れた。彼は全ての食べ物を点検した。特に、「マトロシュカ」に興味を示した。これが、油で揚げたアイスクリームであるという説明を聞いてびっくりした。調理法と成分についてあれこれ尋ねていた。支配人は面倒くさくなり始めた。

「もしかすると、ご不満でもありますでしょうか?」

「いや、いや、そうではありません。サロが非常に気に入りました。どんな店に行って買えるのかを教えて下さい。平壌の家に持って行きたいのです。」

北朝鮮のお客様を素晴らしく接待しようとする主人の努力は無駄ではなかった。金正日はサロを味わってから満足そうであった。彼は、肉スープが入った「ペルミニ」（肉饅頭）を二皿も食べた。彼は夜に、ワインに前もって漬けて、接待前に沸かした油で揚げたカエルの足、細かく粉にした肉と野菜、椎茸を混ぜた辛い鳥料理を味わった。

第十七章 「こんなに高い靴を買う人がいるのですか？」

午後に、金正日はウラジオストク最大のショッピング・センターである「イグナト」を訪問して、六階建ての建物のなかで、五階まで回って見た。エレナ・カリーナ支配人が全ての準備をした。銀髪女性であるエレナは金正日が知りたがっている商品供給、同業者たち、商品取引に対する質問について自信たっぷりに答えた。金正日が収益と関連した質問をするや否や、彼女は「事業上の秘密」であると言って、賢く答弁を回避した。

指導者と同行したユリー・コピロフ・ウラジオストク市長は、ハバロフスクで、金正日が聖堂を訪問したという知らせを聞いて、「聖画の店」に掛かっていた聖母マリアの絵を買い、その場で金正日に差し上げた。店の主人も、金正日もやや慌てふためいたように見えた。四十分後、市長の名で、その店に代金が送られてきた。金泊を塗った縁で飾られた聖画は二〇〇ドルであった。

民俗記念品と土産品コーナーには、オレンブルクで編まれたフワフワした手ぬぐいが陳列されていた。これらの品物の真品如何については簡単に確認することができる。ウラジオストク市長はこれを直接に見せてあげようと決めた。商店の女店員の手から指輪をはずして、陳列台から取り出したサンプルの中を通して、手ぬぐいを引っ張るようにした。彼女の指輪が小さ過ぎたのか、あるいは彼女が興奮してそうなったのかは定かではないが、手ぬぐいが真ん中にひっかかって全く動かなかった。しかし、指導者はぐいと引っ張る「妙技」の結末を待たず、他の店に足の向きを変えたのである。

私が考えて見るに、金正日は「イグナト」の商店と、昨年訪問したウラルと太平洋との間にある唯一の国営会社であるハバロフスク百貨店の営業組織を比較していたようだ。ハバロフスクでは警護チームは金正日、そして国営百貨店の責任者および通訳官と遠く離れていて、彼ら三人だけが百貨店を廻っていた。しかし、「イグナト」では、金正日を中心として六十人が動いていた。北朝鮮とロシア代表団団員たちが二階で、一階では行列をなした訪問者たちが便宜を提供されている時にも、百貨店は平常の時と変わりなく動いていた。ハバロフスクと同様に、ウラジオストクにおいても、金正日は陳列された商品がどこからくるのか、などを詳しく尋ねていたのであり、耳をそばだてて返事を聞いていた。

ハバロフスク百貨店で、金正日はフランスと米国で輸入した高級化粧品が陳列されている香水コーナーを見て回った。引き続き、外国の有名な企業が作った山岳スキー装備と運動服を売るコーナーに入った。

彼は、商品を直接に触ったり、指で布を撫でながら質を評価した。イタリアとスペインから輸入した男性用の靴の展示台が彼の視線を引いた。そのなかで、最も高い靴には一万二千ルーブルという値段の札が付いていた。金正日は、そのような高い値段の靴を実際に購入する者がいるのかを知りたがった。一日に平均二足が売れるという話を聞いて、彼はかなり遠く離れて来る一行中の一人を呼び、何かを耳打ちした。

彼は親愛する指導者の指示事項を素早くノートに記録した。

「イグナト」では、金正日は酒類コーナーに長く留まっていて、ロシア産製品が並べられた陳列台を見回っていた。しかし、誰もあえて北朝鮮統治者に酒を差し上げることは考えなかった。シベリア横断鉄道に沿って旅行しながら、金正日は彼が五十歳になるや、医師たちが飲酒を自制するように、と要求したと話した。彼には、アルコール成分のない赤ワインだけ、それも一日に一杯だけが許容された。金正日は、自分はフランス産ワインである「ボルドー」と「ブルゴーニュ」を好むと、ロシア随行員に述べた。

エレナはウスリースク工場で製造される酒の種類を見せながら、「マガモク（七竈）24度の実が入ったコニャック」を手に持って、この酒を求める人が多く、それほど強くなく24度で、美味しくて体に良い成分を含んでいると言った。金正日は関心を持って、商標を見つめていた。

のちに訪問者たちは、そのコーナーに戻り、金正日か関心を示した酒について質問を浴びせた。これは、勿論、大きな広告効果をもたらした。半時間内に、「マガモクの実が入ったコニャック」は売り切れになった。その後、この酒は最高の人気を得たのである。そして、金正日に差し上げたお土産の花瓶は、今でも、彼の「イグナト」訪問を記念する意味で一階に陳列されている。

第十八章　「ロシアのパン」品評会

「ブラドホレプ」はウラジオストクと沿海州地域で、食パン、ケーキ、パイ、リングパン、パン菓子、冷凍の菓子パンや惣菜パンなど、さまざまなパンを生産する最も大きな工場がある。

一九〇三年、ウラジオストクの皇室の馬小屋の跡地で製菓店を開始したのだが、以後、時代の流れとともに製パン工場に変身したのである。一九三五年からは、ロシアの最も多くの人から愛着を受けているパンである「ポドルスキ」を焼き始めた。その製造法は今日まで変わらず、そのまま受けついでいる。

一九九〇年代末から、「ブラドホレプ」では生産の現代化が始まった。この会社の専門技術者たちはドイツ、フランス、米国および韓国などで研修を受け、最新式技術を習い、最先端の生産設備を導入した。以後、「ブラドホレプ」は製菓と製パン分野において、極東の先発走者となった。二十一世紀初めには、冷凍インスタント製品生産のための自動化設備が備えられた。金正日とその随行員たちの観覧はそこから始まった。

北朝鮮代表団が見守るなかで、積み重ねられた半加工品であるパン種が、形ができ、互いにくっついて合体され、オーブンに入れられる、全ての工程が自動的に行われた。「ブラドホレプ」の首席技術者が説明した。席に一緒にいたウラジオストクの市長は先進的な企業経営をいつも賞賛し、田舎にいらっしゃる彼のお婆さんはどのようにパンを焼くのかを自ら示して見せた。市長の優れた俳優気質のお陰で、この過程は非常に面白かった。これらの人々が皆、微笑を浮かべながら彼の話を面白く聞いたのである。

「ブラドホレプ」の階上における試食のために、会社のほとんど全ての製品が美味しそうに陣列されたテーブルが準備された。テーブルの一方では、リラックスするのによさそうなソファが置かれていた。歓迎レセプションに参席するために、金正日が狭い階段に沿って大理石タイルで装飾されたホールに入場した。その前に連邦警護要員たちはソファがしっかりしているかを検査した。彼らは美しく装飾されたパイ、菓子類などを疑わしく見つめてから、彼らのなかの一人が金正日の席がどこであるかを尋ねた。製菓店関係者が中央ソファを指差した。

伝統的なパンの接待を受ける金正日委員長

警護要員がそのソファに座り、後ろに寄りかかった瞬間に問題が発生した。ソファの下から何かが割れる音がし、ソファが後ろに揺れて警護員が投げ飛ばされた。彼はいきなり立ち上がって、大きな声で即時ソファの交換を要求した。安全性テストを通過した新しい椅子が置かれた。警護員たちは全力を尽くして、新たに置かれたソファに体を投げかけた。隣りで見ているには、大変可笑しい場面であったが、警護員たちにはユーモアに対するそれなりの概念があっただろうが、あくまでも仕事は仕事であった。

ソファは警護員たちの荒っぽい攻撃を良く耐え抜き、結果的には金正日には少しの不便も与えなかった。

金正日は何故か昼食を拒み、ミネラル・ウオーターだけを求めた。しかし、すぐ炭火焼きパンを味わうことにし、これを食べた後、大きな声で話した。「この炭火焼きパンを召しあがって下さい。驚くほど美味しいですよ。」全ての人々が、この独特な製品を食べてから評価し始めた。それでも、製パン会社の関係者たちは大変まごついた。テーブルには二つの小さいパンしかなかったからである。できるだけ早く、パンをもっと多く持ってこなければならなくなった。

金正日の背中の後ろに、非常に魅力的な「ブラドホレプ」の朝鮮人研究センター所長が現れた。金正日は彼女に朝鮮語で話しかけた。彼女は慌てながら微笑を浮かべたが、彼女を助けるために通訳官が来たので大変喜んでいた。のちに、彼女は、金正日の質問は理解できたが、自分が日常生活で朝鮮語を使わなかったので、質問に答えられなかったと話した。朝鮮人である「ビーナス金」はロシアで生れて、ロシアが母国であった。しかし、家で、両親が祖先たちの言語で話していたので、朝鮮語を少しは知ることができたのである。

彼女は、医学的に疾病予防効果がある炭火パンについて説明した。炭火パンには、人々の消化を助けるために摂取する活性化された炭が十五パーセントも含まれていた。事実、炭火パンはいつか「ブラドホレプ」の高位関係者が北朝鮮に出張に出かけていって、そこからウラジオストクに持ち込んだものである。彼は、「炭火製品」の調理法を習ってきたので、会社は、黒くて見た目にはそれほど魅力的ではないが、健康には非常によいパンを焼き始めたのである。

金正日は平壌でも、このようなパンを焼くことができるかを尋ねた。関係者たちは、そのためには設備を備えて、製パン技術者たちを教育することが重要であると答えた。パンを評価した後、平壌の貴賓たちにパン、パン菓子、パイ、干しブドウ、およびリングパンなどがお土産として贈られた。

その中で、最も大きなお土産は「勝利」と称する名前が付けられた三段になるケーキであった。二〇〇一年、モスクワで開かれた「ケーキとパン」展示会で大賞を受けて「ロシア一〇〇大商品」コンクールの優勝者にもなった。北朝鮮代表団には、またクジェルで作られた車の道具一切が与えられた。反対に、ブラドホレプには絵によく描かれる汁が多い果物、リンゴ、梨、ブトウのセットが記念として残った。

平壌代表団は、しきりにぴゅうぴゅうと天にほえるような風当たりの強い雨脚に震えながら「ブラドホレプ」から出てきた。

六人の北朝鮮警備員はいつものように「メルセデス」を追いながら走った。自動車が走り始めても取り残されることなく、たくましく並んで走った。三分が過ぎたのち、彼らは隊列を再び整えて、素早く後続の車に飛び乗った。

北朝鮮代表は郊外にある、青少年修練院「ケアン」を視察するために出発し、金正日は線路上にある「小さい共和国」である自分の汽車へ帰った。その夜はロシアの大統領であるウラジーミル・プーチンとの首脳会談が控えていたからである。

第十九章　シベリア鉄道の連結に合意した両国首脳

北朝鮮－ロシアの両国首脳は、二〇〇〇年七月に平壌で、そして二〇〇一年八月、モスクワで二度会談した。二〇〇一年金正日がモスクワに泊っている間に、彼にはクレムリン内の官舎が当てられた。

彼は午前中にアレクサンドル庭園で、無名勇士の廟に鮮やかな赤い花によって造られた花輪を捧げた。クレムリンの塔の時計が響くなかで、ゆっくりと赤の広場に入ってきて、朝鮮語で「金正日がレーニンに」という文字が書かれている花束を世界プロレタリアの指導者の廟に捧げた。彼は花束のリボンを正した後、挨拶をし、廟に入って数分間留まった。

スターリンや他の「ソ連社会主義連邦指導者」たちの墓地は訪問しなかった。彼の赤の広場の訪問は名誉衛兵隊長に手を差し伸べることで終わった。北朝鮮統治者の父であった金日成もまた一九八六年、ソ連邦訪問時に、レーニン廟に参拝した。

やはりプーチンも、二〇〇〇年夏、平壌を訪問、前主席に献花することから始めた。一九九四年から偉大な首領である金日成が防腐処理されたまま、ミイラで保存されている錦水山記念宮殿は北朝鮮住民には重要な参拝地になっている。

クレムリン宮殿の緑色の客室におけるプーチンと金正日との会談は友好的な雰囲気のなかで進行された。彼らは挨拶を交わしながら抱き合った。両国の首脳は、初めは単独会談を行ったのであり、その後、重要閣僚の随行員が参加した拡大会談を行なった。国際政治、アジア太平洋地域での国際関係、シベリア横断鉄道と北朝鮮横断鉄道との連結問題が論議された。彼らは対話を終わって、ロシア連邦と北朝鮮間に歴史的な「モスクワ宣言」を採択した。

この日、北朝鮮国防委員長である金正日のために、ロシア大統領招請公式晩餐会が開催された。晩餐会には、両国側から五十名程度の人々が参席した。

尊敬する金正日同志！

尊敬する北朝鮮貴賓の皆様！

紳士淑女の皆様！

ロシアの心臓であるモスクワのクレムリンを訪問した皆様を心から歓迎します。まさに、ここの、このホールで一九八四年と一九八六年に、北朝鮮の金日成首席のための祝賀宴が開かれたことは象徴的な意味を持つものであります。私が確信するには、朝鮮人民民主主義共和国指導者資格で、金正日同志が我が国を初めて訪問することによって、両国関係の発展に新たな章が開かれ、信頼に基づく効果的な政治協商は継続されるでしょう。

ロシアの昔の諺に、「十年あれば江山が変わる」というのがあります。事実、短い時間に人々の生き方が変わり、新たな時代と価値が到来します。それにも拘らず、我々には、両民族の友好と多様な分野における協力という、長い間にも変わらない伝統があります。これらの伝統は時間の試練を耐えて、朝鮮という独立国家が形成されていた時期に強化されたのであり、戦後の国家復興の時期に、さらに強固になりました。

まさに、これらのものが一年半前に結んだ両国の友情、友好、協力に対する協約の土台になりました。この歴史的な文献は相互尊重と創造的な同伴者精神で両国関係を築こうとするロシアと北朝鮮人民たちの相互熱望を証明し、我々の相互影響力の増大のための基本的な土台になりました。

今日、我々は双務協定の'貯金通帳'を満たせました。そして、国際的で実質的な問題に対するロシアと北朝鮮の共通した信頼関係を固着化するモスクワ宣言が採択されました。

ロシアは国際関係の正しくて安全な体系を作るための準備を整えています。そして、世界的な懸案に対するそうした接近方法は北朝鮮の対外政策の目的と原則に一致するということは非常に重要な事実であります。

ロシア－北朝鮮協力の核心的課題の一つは、貿易・経済的連携の拡大であります。隣りの国家も参与する共同経済活動は莫大な経済的な波及効果につながることと確信しています。これは、東北アジアの情勢に有益で健全な影響を及ぼすことと思います。したがって、ロシアは北朝鮮ばかりではなく、韓国とも多面的で実質的な協力の準備ができていることを強調したいところです。私が確信するには、こうした接近方法は朝鮮民族とその地域全体の利益に完全に一致することでしょう。

昨年夏、平壌における北朝鮮と韓国の指導者たちの歴史的な会談は、その間の相互努力の重要な結果であると共に、北朝鮮指導者の知恵と政治的責任意識の結実でありました。我々は、和解、協力と統一の道に向かったこの決定的な進展を歓迎します。心の底から願うところでは、容易くはないが、北朝鮮が行った信義、誠実に基づく決定が、南北朝鮮が相互宣言文のなかで言及した目標に到達する際に、大きな助けになることを祈ります。

北朝鮮住民たちの祖国統一に対する熱望を共有するに際して、我々は、一方的な利益を追求しておりません。したがって、ロシアの利益は朝鮮民族の利益、すなわち朝鮮民族全体の啓蒙とその地域における平和と協力の確立、国際安全の強化と一致します。

尊敬する同志の皆様！

我々は、今日の会談を、昨年夏に平壌で始まった対話の論理的な延長線上のものとして見なしたいと思います。相互信頼の精神を保存し、相互利害を深化するための共通の土台を備えることが必須的なものであると考えております。

尊敬する金正日同志、貴方と全ての朝鮮人民民主主義共和国市民たちの幸福、成功、繁栄を祈ります。

ロシア－北朝鮮の伝統的な友好関係の強化と発展のために、北朝鮮国防委員長金正日同志の健康のため、この席に陪席した全ての北朝鮮およびロシア貴賓たちの健康のために乾杯を提案します。

これに対し、金正日はつぎのように答えた。

尊敬するウラジーミル・プーチン大統領閣下！

ロシアの同志皆様！

プーチン大統領閣下、貴方から我々が丁重に招待して頂き、かつ盛大な歓迎式を開いて頂き、このように素晴らしい演説をして下さったことに対して感謝いたします。

我々は、新しい時代に入ったロシア－北朝鮮の友情の発展に対する明るい展望を抱いて貴下の国家を訪問しました。そして、今回のロシア訪問の際に、強いロシアを建設しようとする愛国的な熱情と意思に満ちていることを確認して非常に嬉しいです。

今日、ロシア連邦は全世界のなかで、平和と安定維持、そして国際関係における友好的協力的雰囲気の形成のための積極的な対外政策と熱情的な努力で、国際社会の大きな関心を引いております。

我々は、大統領閣下におかれては国防強化と経済力強化、社会・政治的安定と民族啓蒙と保障のため、持続的な努力を行っておられると思っています。そして、この部分での貴国の大きな成功があることを心から祈っております。

新しい世紀に入りながら、長い歴史と伝統を持っている北朝鮮－ロシア間の友情を発展させることは、両国民族の共通の意思であります。北朝鮮政府と人民は希望に満ちた新しい世紀においても、今後、北朝鮮－ロシア友好の強化と発展のために、すべての努力を傾けるでしょう。

世紀の初めの年に、モスクワで行われたウラジーミル・プーチン大統領との邂逅が両国政府と人民間の伝統的な友好関係の強化に大きな意味を持つものと確信しております。

私は、北朝鮮－ロシア友好関係の強化と発展のために、ウラジーミル・プーチン大統領の健康のため、またここに参席したすべての人々の健康のために、乾杯することを提案したいと思います。

クレムリンの花鋼岩宮で、ロシアと北朝鮮の乾杯が鳴り響き、オーケストラはロシアと北朝鮮の国家を静かに演奏した。これらの国歌は叙情が豊かで、容易く歌えるという点で互いに似ていた。金正日はオーケストラ演奏団に近づき、美しい演奏に対して賛辞を贈った。

ロシア大統領は北朝鮮統治者が八月八日、サンクト・ペテルブルクから帰って来る道で、モスクワに寄る際に、もう一度金正日と会談した。公式的な日程では、彼らの二回目の会談は予定されていなかった。しかし、プーチンの午餐の招請状が金正日に届けられた。これは、金正日にとっても予想外のことであった。彼は、この日、トレジヤコフスカヤ博物館、ダイヤモンド展示室、武器博物館などを訪問することになっていたからである。北朝鮮から来たお客様はプーチン大統領に応えるために、喜んで午餐に参席した。

予定になかった会談は、金正日にプーチンに対する印象を浮き彫りにした。プリコフスキーによれば、北朝鮮統治者は、その後、ハサン駅に到着するまで絶えずこの会談を回想したという。

「もし（プーチンが）私を外交的に接したとすれば、私も外交官になったであろう。プーチンは私に心安く対したのであり、私も彼に胸襟を開いたのである。最近、「同伴者関係」とか、「戦略的同伴者関係」というような多様な外交用語が用いられている。私は、プーチン大統領に、我々の関係においてはそのような格式張った用語の使用は必要ないと述べた。プーチンも同様にそれに同意した。我々には、正直さが必要である。外信は、モスクワ宣言文に、我々の間に「戦略的同伴者関係」に関する言及がないことに注目した。もはやこれらのことが如何なる意味もないこと、我々の関係は実質的に、過去のような協力関係に戻っていることを悟っている。私は、「同伴者」になりたくない。友だちの間には、「同伴者」という言葉は似合わない。」

プリコフスキーはプーチンが受けた印象も耳打ちしてくれた。プーチンは、ご自身が北朝鮮指導者に関する多くの悪い噂を聞いたが、金正日は教養を備えた人、国際関係をよく把握した知的な政治家、ユーモア感覚がある人、他の人のように音楽と映画を好む人物であることを確認したと言った。プーチンの初めての平壌訪問以後、外国記者たちは金正日が正常な人ではなく、「悪魔のような暴君」であるかのように、記事を書いたことがある。

二〇〇二年八月、ロシア－北朝鮮首脳間のウラジオストク会談は沿海州首都近くにある州政府迎賓館で行われた。また、夕食も公式日程上に決められた時間より二倍も長くなったために、ロシアと外国記者団は金正日が会談場から出るのを待って疲れてしまった。プーチンは彼に、一言述べることを要請したが、金正日は丁重に辞退したものと伝えられている。

両国首脳の二時間にわたる対話の内容は、単にプーチンが記者団に述べた内容だけが知られている。プーチンは会談で、シベリア横断鉄道と朝鮮半島縦断鉄道の連結が、最も重い比重で扱われたと述べた。彼は、つぎのように付け加えた。

「我々が今しなくても、これは必ず遂行されるでしょう。ただし、その時には、我々が熱く尊敬し、かつ愛する隣人である中国の同意と領土を含めてこそ可能になると思います。」

つぎの日、送別のために汽車駅に来たロシア連邦交通省長官と別れながら、金正日は改めて尋ねた。

「では、我々が鉄路を建設することになるのですか?」

ケンナジー・パジェエフ交通省長官は、このプロクラムに参加しようとするロシア政府の意思を再確認してくれた。朝鮮半島縦断鉄道の北朝鮮持分は七八一キロメートルになるだろう。再建設すべき鉄路は七六一キロメートルで、多くのトンネルと橋によって繋がるであろう。シベリア横断鉄道と朝鮮半島縦断鉄道が実現された後には、朝鮮半島からヨーロッパまでは、現在より十日から十二日程度、より早く貨物を運搬することができる。

第二十章　二十一世紀における北朝鮮・ロシアの海軍協力のシグナル

夜遅く、ロシア大統領との首脳会談を終わって帰ってきた北朝鮮統治者のために、都市観光日程が待っていた。ウラジオストクは「金角湾《キンカクワン》」という小さな湾から反射される小さい灯かりできらめいていた。数人だけは、金正日だけが大潜水巡洋艦「アドミラル・パンデイェフ」（パンデイェフ提督、という意味：訳者）に乗船することを知っていた。これは、両国海軍の協力の再開のためのシグナルとして理解された。

二十世紀末、ソ連と北朝鮮海軍間の協力は非常に強力なものがあった。一九八五年八月北朝鮮に、「トプ（ＴＯＦ）（太平洋艦隊：訳者）」所属の大潜水艦「タリン」と二隻の哨戒艇「ポルイビスツイ」（「突発的な」、という意味：訳者）と「リヤヌイ」が北朝鮮を訪問した。一九八六年七月、朝鮮半島の北端に航空母艦「ミンスク」と大潜水艦「アドミラル・スピリドノフ」と哨戒艇「リヤヌイ」、および油槽船「アルクン」が入港した。このような訪問はソ連と北朝鮮間の友情、協力、相互援助に対する協定締結以後、二十五年間に亘って続いている。ＴＯＦ艦艇らが元山港に停泊した時に、北朝鮮将校たちはソ連海軍の技術、文書、法規、指針などに大きな関心を示した。その後、彼らは共同軍事訓練の時に、自らの知識に活用した。彼らのなかの多くは、ロシア語を知っている海軍将校であった。

北朝鮮海軍艦艇の初めてのソ連訪問は、一九八六年七月二十五日から二十九日にかけて行われた。北朝鮮の艦艇を指揮する金（Kim il-chol）提督の指揮の下で、哨戒艇と二隻の小さい巡視船がウラジオストクに入港した。北朝鮮海軍たちはソ連連邦「艦隊の日」の慶祝式に参席した。この時に、ウラジオストクにはソ連共産党中央委員会の総書記長であったミハイル・セルゲーエヴィチ・ゴルバチョフが滞在していたのである。彼は、七月二十八日、コリキ劇場で演説しながら、アジア太平洋地域での新しい対外政策を発表した。当時の盛大な大会には北朝鮮の駐ソ連邦大使であった李（Ri Doo-ryeol）大使と金提督が参席した。

ソ連海軍の北朝鮮訪問は一九八八年五月十二日から十六日まで五日間、元山港に航空母艦「ノボシビルスク」と対潜水艦「アドミラル・ジャハロフ」、そして水雷艇「ボエボイ」によって構成されたＴＯＦ（太平洋艦隊）によって行われた。金日成主席は艦艇の公式代表団を平壌で迎えたのである。

「北朝鮮訪問で受けた印象は非常に鮮明に残っております。」筆者が彼らと会った時に、彼らはその時の北朝鮮の訪問を仔細に記憶していた。彼らは、平壌体育施設の壮厳さ、強力な西海基地、そして世界的水準の美しいホテルに大変感嘆していた。

その当時、ロシア海軍代表団は明け方四時に起床した。各自に個人の自動車が割り当てられた。一時間が過ぎた後、全ての人にお茶、コーヒー、軽い朝食が提供された。再び車と運転手を交替した後、出発した。そのような過程がつぎの駅でも繰り返された。

まがりくねった山道の終りに、美しい招待所があった。来訪客たちを迎えるために、金日成が階段を下りて来ていた。彼は、北朝鮮の美しい自然を写した絵を背景に記念写真を撮るよう提案した。

筆者がインタビューした彼らは、彼らが金主席に伝達したお土産が元来の状態で保存されているかどうかを心配していた。毎日数千名の訪問客が尋ねている妙香山国際親善展覧会で、私はロシア海軍たちが当時差し上げた記念品を見つめながら、暫くの間その場を離れることができなかった。彼らのお土産が妙香山の世界的な文化遺産保管所に丁重に保管されているのには驚かざるを得なかった。

一九八八年七月から八月に、ウラジオストクはもう一度北朝鮮海軍を迎えるようになった。そして、TOF艦隊の最後の北朝鮮訪問が一九九〇年八月に行われた。この時に、元山港に対潜水艦「マシャル・シャポシュニコフ」と哨戒艇「ポルイビストイ」が入港した。三日後に、北朝鮮の水雷艇、哨戒艇および駆逐艦がウラジオストクを訪問した。しかし、二十一世紀に入ってから、ロシアと北朝鮮との海軍協力は全くない白紙状態である。

ハサン駅

第二十一章　ハサンを後にして

八月二十四日、金正日のロシア極東地域訪問の最終日の朝、日差しが眩しかった。朝食のため、「森林開墾地」食堂で金正日を待っていた。最高に腕のよい料理師たちが食堂に良い評判をもたらしてくれた「野鳥料理」を真心こめて準備してくれた。開墾地領内にある囲いの中には、孔雀一羽が大きな扇子のような多彩な羽毛を振りながら厳かに歩いていた。また朝の空気のなかには、針葉樹の香りが濃く漂っていた。金正日の朝の散策は長くはなかった。すぐ北朝鮮に戻らなくてはならなかったからである。

再びロシア領ハサンで金正日のための送別会が開かれた。車から降りた金正日は階段に沿って軽やかに降りてきた。毎回、彼が出る前に北朝鮮職員が白いハンカチーフで、真心こめて手摺を拭いていたが、今回は何故かその姿が見えなかった。

地面に並んで立てられた横一・五メートル、縦一メートルである二つのお土産用の絵に照らされた太陽が、鮮やかな虹の色に反射されて広がっていた。光彩を放つ真珠、貝殻をさまざまな模様にはめ込んだ伝統的な北朝鮮の工芸技法で描いた絵には、美しさ、調和、長寿を象徴する鶴が描写されていた。鶴はロシアでは見ることができない。他の絵には、北朝鮮でも棲息する満開した蝦夷石楠花（エゾシャクナゲ）が植えられた海岸の自然風景が描かれていたが、このお土産は沿海州から北朝鮮へ行くものであろう。

歓送式は予定された時間よりも長く行われた。金正日は「金日成の家」として知られた「蘇・朝親善閣」で暫く物思いにふけっていた。そこは何時か彼の父が滞在したことがあったところであった。以後、彼は自らの専用車に乗った後、歓送客たちに暫く手を振った。

「金正日同志、またおいでになって下さい。」

ロシア官僚たちが挨拶をした。

「私は、すでに帰って来つつある、と言えます。」

西ヨーロッパでよく言われている「神秘的な隠遁者」は、印象的な挨拶の言葉を残して北方の地へ向かったのである。

第二部　オルガ記者の北朝鮮紀行

第一章　金正日写真展を開く

二〇〇二年八月、金正日の極東地域訪問が終わる頃、取材記者としての私の任務も終わった。私は、日常的な生活に戻ってきたが、金正日の極東旅行に対する印象を他の人に伝えながら、彼に対する話で心が浮き立っていた。私は、自分で撮った写真を他の人に見せてあげた。アマチュア作家の写真は、明らかに、職業写真作家たちの公式的で儀典的な写真とは異なっていた。

私は、権力に囲まれてはいるが、普通の人間には見られない感情を持つ人物、金正日の内面の世界を、写真のなかに捉えることができた。写真に現われた金正日の姿はさまざまであった。時には厳格で、閉鎖的であり、忍耐力がないようにも見えたが、大げさなジェスチャーをしながら微笑み、ときに大きく破顔することもあった。

写真の中の彼は、何かをじっと見ていることもあった。その時、私は三メートルほど離れたところまで、彼に近寄ることができた。その写真を見ていると、彼はまるで「私について、また何かを知りたいのですか?」と尋ねているように見えた。

ウラジオストクで金正日写真展を開催する決心をし、やがて二〇〇三年二月十四日に、写真展は開かれた。プリコフスキー全権大使、地域および市政府の機関長たち、中央および地方放送局と新聞社の記者たち、重要国の領事館員、ナホトカ駐在北朝鮮総領事館の外交官たち、一般市民と多くの親友たちが展示館を訪れた。彼らは好奇心に満ちた姿で私の撮った写真を見ていた。

その時に、瞬間的に、この写真展を平壌で開けばどうだろうか、という考えが浮んだ。天は自ら助ける人を助けるのだろうか。その時から約一ヵ月後、私は北朝鮮の中央展示館館長とウラジオストクで会うことができた。そして、彼と共に、およそ半年間写真展を準備した。平壌展示会の名称として「極東で注目すべき偉大な足跡」が提案された。やがて、写真展は二〇〇三年八月三十日から九月三十日まで、平壌で盛大に開かれた。

北朝鮮指導者同志の海外活動を示す百五十余りの写真が目の前に広がっていた。毎日、少なくとも、千五百余名の北朝鮮住民たちが展示館を訪れ、尊敬する眼差しで親愛する指導者同志の動静などを見守っていた。開幕式では、国防委員会、内閣、外交部高

北朝鮮写真展

位官僚たち、アンドレイ・カルロフ駐北朝鮮ロシア大使、大使館職員たち、北朝鮮建国五十五周年を記念するため、アジアおよびアフリカ各国から訪ねてきた貴賓たちおよび数千名の平壌市民たちが参席した。

九月初旬には、北朝鮮建国日を迎えて招かれたプリコフスキー全権大使が展示場を訪ねた。

第二章　世界に向かって窓を開ける北朝鮮

私は、二週間の間、良く知っている平壌市内の高層ホテルである高麗ホテルに宿泊していた。客室に入るや否や、テレビをつけたが五つのチャンネルがあったので驚いた。二つの中国プログラムと日本、イギリス、そして平壌放送が流れていた。わずか一年前には政府の公営放送しか見られなかったが、いまや北朝鮮は世界に向かって窓をすっかり開けているようだった。後に知ったことであったが、この五つのチャネルのプログラムは衛星アンテナを設置しなければ見られなかったのである。

ホテル客室の電話は騒音が多く、受話器を取れば、ツー、ツー、ツーという「通話中」の信号音が聞こえてきた。電話料金は現金で支払わなければならず、また、一階にある交換手を通してから、ようやく市内に繋げられた。ウラジオストクに電話を掛けたが、わずか三分通話で十八ドルという少なくない料金が請求された。敢えて比較してみると、ウラジオストクから東京に三分通話するのには、約九・五ドルであり、北京に通話するには十一ドルが掛かる。また、高麗ホテルの交換手たちは、如何なる場合においても、米ドルを受け取ろうとしなかったので、料金を支払うためには、面倒であっても為替交換所に行かなければならなかった。昨年からは、特別法にしたがって、ユーロ（ＥＵＲＯ）貨が流通外貨として使用されている。

ホテルのなかで、私の携帯電話は切れた。しかし、北朝鮮での無線通信網は日増しに発展している。北朝鮮の高位公職者たちは最新モデルの携帯電話を持っている。勿論、外国人も国内移動通信網に加入することができる。ただ毎月ドルで一千余の高い使用料を払わなければならないことが欠点である。國際移動通信網加入者もやはりそれと同様な料金を払わなければならない。

当時、高麗ホテルでは、済州道知事をはじめとする韓国から来た三十余名、北朝鮮の子供たちに声楽のレッスンを行うためにイタリアから来た音楽教師、家内と一緒に来たドイツ印刷大学教授、ベルンから来たスイス企業人たち、東京から来た在日韓国人たち、ミンスクから来た白ロシア自動車製造業体関係者たち、上海バレエ団員などが宿泊していた。その外にも、金正日を国防委員長に選出した北朝鮮最高人民委員会代表たちが泊っていた。

私は、大同江の小さい島のなかに建てられた「楊閣堂」というもう一つのホテルも回ってみた。四十三階まで登って見たら、展望がよい回転食堂があった。そして、一番下の階に下りて来た。そこには、外国人が気楽に休憩ができるカジノがあった。何人かから聞いたところによると、一晩の博打で数万ドルをなくした人もいるという。このホテルから遠くないところにあるボウリング場は若い人で混んでいた。北朝鮮のボウリング・チームは強いことで知られている。

平壌のもう一つの名物である「柳京ホテル」は、その高さが一〇五メートルに達しており、帆船の外様を備えている。このホテルは、アジアで最も高い建物になり得たが、投資が止められて、「帆船」の最先端までの十階余りを完成できないままに建設が中断されたのである。しかし、このホテルは、北朝鮮が外国人旅行客のための門戸が全面的に開放された時に、その真価が表れそうである。何時かは、外国人のための一種の灯台になるような気がした。

第三章　魅力的な四つ角の婦警たち

北朝鮮には、広い自動車道路が東西に真っすぐ伸びている。北朝鮮の首都である平壌と四〇キロメートル余り離れている南浦港をつなぐ道路は、飛行機の滑走路を連想させる。大路は両方向それぞれ五車線の車路を念頭において建設されている。青年たちによって建設された平壌－南浦間の高速道路は、紛れもなく未来の道路である。この道路はまるで限りない乗用車と貨物車の行列が通行できるように作られているようである。この自動車の行列は、遠くないうちに、北朝鮮で見られるようになると信じたい。

都市の道路においては、ブレーキを踏む必要がない。時速一〇〇キロメートルの速力で、大部分の街を走ることができ、途中に如何なる障害物もない。首都である平壌にも交通渋滞はほとんどない。トランバイ（電動汽車）、トロリー・バス（電動バス）、バス、自転車に乗って走る人々、人々が乗ったトラックの車体などが、「クラウン」、「ランドクルーザー」、「ＢＭＷ」、「ベンツ」などと普通に混じり合って通り過ぎる。ガソリンの値段はロシアと大同小異である。

北朝鮮の歩行者たちは、やや特異な面がある。彼らには、道路交通法のようなものはないように見えた。思いつけば何時でも、どこからでも道を横切って行く。歩行者たちは運転手に自分なりにアピールしながら、静かに道を横切る。運転手には、まるで気に食わなければ、「戻って行け」、という式の身振りをする。

本当に魅力的な人々は、平壌市内で交通整理をする婦警たちである。高麗ホテルは、平壌市内の四つ角の近所に位置しているので、私の部屋の窓を通して、まるで立派な雑誌の表紙に載るような女性の、立派な身振りを、毎日、夢のように見ることができた。彼女らは朝八時に出勤し、夜八時に退勤する。夜と日曜日には、女警たちは休む。その時には、運転手たちが自ら交通秩序を守らなければならない。婦警の勤務交替は、クレムリン広場における歩哨の兵を連想させる。節度ある歩き方と、無表情ではあるが自負心に満ちた姿勢で勤務交替する儀式を行っているのである。

一年に二ヵ月、四つ角の婦警たちの代わりに、交通信号が作動する。気温が木蔭においても三十度を超える日照りに三時間も立っているのが危険な六月と、零下二十度の強い風が吹き、場合によっては婦警が雪ダルマになる危険がある十一月には、交通信号が婦警に代わるのである。

交通整理をする北朝鮮の婦警

第四章　平壌セーヌ川での晩餐会

写真展示会開幕の日に、北朝鮮の中央展示館館長がロシア言論人のための晩餐会を開催した。晩餐会は高麗ホテルの食堂で開かれたが、北朝鮮の独特な伝統的食べ物が豊富に出された。北朝鮮の人々のお客さんに対する歓待は実に限りがない。これに応える意味において、我々も晩餐会を開催したいという意見を示し、展示館館長と職員たちをどこに招請すれば良いかを調べてみた。平壌駐在イタル・タス通信員が、平壌には立派な食べ物が出てくる食堂とカフェがかなり多いと耳打ちし、特に「タンコキ」(旨い肉、という意味:訳者)という名の食堂を推薦してくれた。そこでは、立派に料理された犬肉が出ると言った。我々は、ただ彼に、感謝すると述べただけであった。

そして、全く偶然に、それほど大きくない動力船が大同江辺に停泊していて、その船上に食堂があるという事実が分かった。この食堂は海産物と魚類の料理で有名であった。

ある日の夜、我々一行の観光日程が大同江に沿った散歩だけで終わった。大同江の水面は静かで、江の中にある噴水台だけが水を吹き上げていたが、この噴水台の高さは一五〇メートルにもなった。船上食堂の上甲板に連結された大きくないタラップに沿って、晩餐会に出席した人々が列をなして並んでいて、夢中でこの光景を見ていた。大同江の下流は昔から神秘的な自然景観で有名である。

朝鮮戦争当時、平壌は多くの爆弾投下によって廃墟になった。しかし、信じ切れない程度の勤勉さと平壌に対する愛情を持った住民のお陰で、今日の平壌は広い大路を持つようになった。その中でも、幅が一〇〇メートルに至る光復路と、祖国統一を象徴した、積極的でかつ意味ある記念碑を備えた統一路が規模面で他を圧倒している。

平壌はガラスとコンクリートで作られた高層ビルがそびえる現代的都市であり、ここに朝鮮式建築様式が特別に魅力を加えている。平壌には、大きな規模で人々を驚かせる厳粛な革命記念碑が多い。そのなかには、金日成の青銅像、李氏朝鮮時代の青銅の鐘、高麗時代の六角パコダ塔、六世紀中半の大同市門などがみんな素晴らしい。

平壌は七十余り以上の公園と美しい噴水がある都市である。公園と噴水は人民大学習堂と万壽台芸術劇場の間を装飾している。体育の殿堂の近所には、一つの湖に、六百個余に達する噴水台が設置されており、もう一つの湖には千二百個余りの噴水台が七〇メートル余りの高さで吹きあがり、壮観である。平壌はそれこそ、きれいで実によく手入れされ、たぶん世界で最もよく整理された都市であろう。どうして、このような都市に旅行客がやってこないのかが理解できないほどである。今後､平壌は間違いなく､世界の人々が喜んで訪ねる都市になるであろう。

昔から、大同江には海水が入ってきて、塩分のない江水と混じりあう。引き潮の時には、まるで巨大な

祖国統一３大憲章記念塔

ポンプのように江水を引き寄せ、上潮の時には海水が平壌まで入って来た。このような自然現象は江と海が区分されながら中断された、大規模な建設工事が開始されたからである。

コンクリート堤防を設置して、船のロープや鉄鎖を縛れるようにし、自動荷役装置のように、水の渦巻く所で、土壌を下積できるように、特殊に製作された貨物船を建造したのである。基礎堤防の土手は二五〇メートルに達しており、上部は一五メートル程度である。このような人工堤防の総長は八キロメートルに至っている。

午後遅く、我々は、この堤防に沿って車を走らせた。左側には大同江が広がっており、右側には西海が眼に入った。堤防には鉄道と歩行道路も設置されていた。江水と海水を分けた後、建築家たちは三十六の水門と、船が通る時に両側に開かれる通行道を設けた。西海の水力発電所は人民軍によって五年をかけて建設された。大規模建設工事を短い期間で成し遂げたのである。

我々が、夕陽のなかの船上食堂に座って、江岸から見つめた平壌の姿はまるで都市全体が近寄り難い記念碑のようであった。突然に船が揺らぎ、我々が座っていた反対側の方向へ動き出した。一週間に三回ずつ、船上食堂は港を離れて大同江に沿って航海するという。

異国的な情趣と安楽さの側面から、この航海はパリのフランス人たちが旅行客に提供するセーヌ江辺の夕方ように素晴らしかった。しかし、セーヌ江は多くの旅行客に知られているのに反して、ここ平壌はそうではないというところにその差異点がある。

船上食堂のサロンに食卓の準備が整ったので、ようやく、席についた。加熱された三つのフライパンの上には、新鮮な魚類とイカとが並べられていた。

このパーティーで最も素晴らしい料理は、アルミホイルの上で焼いた鯔《ぼら》であった。ウェイターよると、数時間前に大同江で釣ったものであると言っていた。

「これが港で釣り道具を持っていた子供たちが釣ったものであると言うのですか？」

私が投げた冗談に対し、ウェイターの答えは、鯔は平壌、順天、南浦などの都市近辺の大同江辺に位置する漁業農場で養殖されているとの話であった。

私は、「労働新聞にも書かれたことがあったが、このような生産物が外の人々に多く知られると、より大きな意味を持つようになるだろう」、と述べた。

サロンの中間に、竹の屏風が掛けられて、ホールが二つに区切られた。二時間ほど経ったら、屏風の後ろから聞こえてくる声が一層生き生きし、話と笑いが大きくなって、やがて合唱の声が聞こえてきた。一般的に、ロシアの人々は大きな宴会に慣れているが、それは私にとっても驚く光景であった。隣に座っていた人々は韓国人であると聞いた。二年前にしても、このようなことは想像も出来ないことであった。勿論、そのように見るとすれば、船上食堂における晩餐会も同様であった。

第五章　妙香山の神秘

今まで、北朝鮮に行こうとすれば、誰かの招請状をもらわなければならなかった。残念ながら、北朝鮮の観光産業はかなり遅れている。最近、ロシア極東地方は観光産業の新たな人気地域として浮上している。二〇〇三年秋、ハサン地域の代表は、中国の琿春代表と、北朝鮮の羅津地域政府代表とともに観光事業分野に関する三者協議体に参加した。この協議体の基本計画は、中国と北朝鮮の観光客がハサン地域を訪問することができ、また、ロシアの観光客は隣接国家の地域を自由に訪問できるようにしようとすることであった。

中国では、すでにビザなしで北朝鮮を訪問することができる。中国の観光客たちは妙香山にある香山郡ホテルで容易に見かけられる。百～百五十余りの人々が中国の国境地帯へバスに乗って来て、北朝鮮の異国的情趣が漂うところに一晩宿泊するのである。

沿海州地方には、「ハサン─羅津─七宝─ハサン」間の運行路線が開設された。まず、ハサン駅から豆満江駅まで鉄道が連結されており、羅津から七宝山山岳地帯までは再び鉄道が連結される。観光プログラムでは、二千年の歴史を持つ高山地帯の仏教寺刹の訪問と萬瀑洞渓谷の観光が含まれている。羅津の海岸には、旅行客のために「皇帝ホテル」が建てられている。

沿海州地方の専門家たちの見解によれば、北朝鮮旅行は注目を集めて人気を得ることが予想されるという。比較的に費用が少なく、ホテル・サービスもまた非常に優れているからである。

世界でも稀な、荒らされていない天恵の自然的風光は間違いなく、多くの旅行客にとっての魅力になると思われる。また、水泳など避暑を楽しめる環境はハバロフスク、マガタン、サハリンおよびヤクーツクなど、寒い地方に暮らす人々の興味を引くものである。

北朝鮮の名勝古跡のなかで、「金剛石」という意味を持つ金剛山は国内ばかりではなく、外国でも有名である。多くの伝説と諺は、金剛山の非凡な美しさと関連されている。

「金剛山を見ずに、美しさを論じるな」、「金剛山を見ていない人は、北朝鮮を見ていないのと同じである。」このように言われると、必ず行かずには居られないではないか。

我々の北朝鮮訪問プログラムにも山登りが含まれていたが、金剛山ではなく、ほかの山であった。初めはかなり残念に思ったが、奇妙な形の岩や深い渓谷、宝石のような水吹雪を散らす滝などがある妙香山に登るやいなや、私はたちまちにして、朝鮮半島の自然の虜となってしまった。

妙香山に登ることを決めた前日の夕方からお天気がおかしくなり始めた。空が暗くなってきて、渓谷の上に低い雲がかかった。やがて、出発の朝には、雨が降り始めた。しかし、霧や小雨、そして、登山靴がないという理由は、私に登山を断念させることにはならなかった。

登山口の広場には、五十人余りの登山客が集まっていた。その中には高校学生もいたし、孫を連れてきた五十代ぐらいの中年夫婦や、子供連れの若い夫婦もいた。最も幼い子供は三歳程度であったが、両親は幅の広いベルトで子供を背中に負ぶっていた。ロシアでは、このような場面を「カンガルー」と呼ぶのである。幾人かは傘を差しており、帽子を被っていた幾人かは、その上を手ぬぐいで覆っていた。しかし、大部分の人は雨がひどくなれば、何をかぶっても同じであるとばかりに、軽い服装で山を登り始めた。ガイドは、この登山路は人気が高くて、旅行季節には訪問客が三千余人に至ると言っていた。

妙香山は北朝鮮の北西方向にある、妙香山脈の中心部に位置している。極めて多くの動植物と鳥類が棲息しており、萬瀑渓谷の森は鬱蒼としていた。登山路を抜け出て十歩も進めば、虎に出会いそうであった。伝説にしたがえば、昔から虎は岩に刻まれた仏様の前に人を連れて行ったと言う。茂って育つ杜松《ねず》の樹から漂う樹脂の匂いは鼻を刺激した。珍しい風景と下界を忘れさせる香気が「妙香」という名前を生んだという。低い潅木の松とコノテガシワの樹が優しい緑のカーペットのように渓谷の辺りを染めていた。

山歩きは山頂の飛露峰までつづく。山頂までは二十五キロメートル程度であるが、山道が険しいので、登攀して下山するにはまる二日かかるのである。我々は一日の日程しかなかったので、短いコースを登らせざるを得なかった。

萬瀑は「十万の瀑布の渓谷」という意味である。幾つの瀑布があるのかを数えては見なかったが、それぞれの瀑布は、各々の特徴を持っていた。伝説にしたがえば、飛仙瀑布では、虹に乗って天から地上に降りた仙女が水浴びをしたという。

昔から朝鮮人たちは、瀑布で水浴びをする魅惑的な仙女の姿を画に描くことを好んだ。雨が降る日で、彼らが降りないためなのか、飛仙台では仙女たちを見ることはできなかった。しかし、神秘的な眺めをすぐに見ることが出来た。太陽の姿が現われるようになるや否や、虹が現われた。簡単に説明できる現象ではあるが、神秘な感じが一帯を覆いつくした。きらめく水柱が五十余メートル上から、飛沫《しぶき》を作って落ちてくる。そして、太陽の光が瀑布水に屈折され七つ色の虹を作った。

登山口の広場から渓谷の頂上まで、旅行客のために、岩に沿って階段が作られていた。旅行ガイドの説明によると、その階段は一万三千余段あるという。時折、山に登る登山客の数が二倍になる時もあるという。岩を登ることが難しいような所には、高くてほとんど垂直に近い、手摺のついた船のタラップのようなものが設置されている。

すべての登山路の両側には、手摺がついている。鉄製の手摺は安全装置であるばかりではなく、手で支えられる支持台の役割をする。登山路は奇岩絶壁の合い間にあって、遠くから見ていると、まるで岩が巨大な鯨の口のように、登山客を吸い込んでいるようである。

登山客は岩の上をほとんど這うようにして通らなければならなかった。

険しい絶壁は陸橋によって連結されていた。そのなかの一つである有線橋を通り過ぎる時に、充分に安全であるかを確認しなければならないと思った。橋の端っこから他の端の方へジャンプをして飛び越えなければならない所もあった。

私は、有線橋の中間あたりで、軽く揺すって見ることで安全を確認した。悪い癖は伝染されるのが常である。我々の後ろに付いて来ていた小中学生たちが友たちと共に、やたらに揺すぶり始めた。しかし、先生たちは彼らを止めなかった。

登ることよりも、降りてくるのが一層苦しかった。続けて下の瀑布の方へ落ちそうに靴が滑った。我々は、展望台の傍にある平坦なところに至って、息を整えるために暫く休んだ。そこには、頂上から下山した人々もいた。彼らは笑って、べちゃくちゃしゃべりながら水を飲んでいた。我々もまた、喉が焼けるほどに乾いていた。

人々は私に、プラスチックの瓶とカップを差し出した。そして、瀑布から持ってきた水であると身振りで教えた。私は喜んで、歓待を受け入れ、水を飲んでから、「私も瀑布で、手で水を飲んだのは飲んだが、今考えて見ると、皆さんが瀑布水を全部汲んでしまったんですね」、と言って、やはりジェスチャーで応対した。

登山客たちは大笑いをし、私が朝鮮語で「ありがとうございます」カムサハムニダ、と言ったら、一層大きく笑いながらうなずいていた。

第六章　北朝鮮の人民市場をまわって

私は、できるだけ招請する側の要求にしたがう方である。写真を取らないように求められれば、写真機を置いて行ったし、北朝鮮ではなぜ外国人に自由な移動を制限するのかについても聞いて見なかった。

ある日、朝の運動をするためにホテルを出て、運動場を探した。高麗ホテル周辺に学校があることを知り、その学校に向かった。学校の入り口に鉄条網が張られており、鉄条網の間にサッカー場と体操用の肋《ろく》木《ぼく》と横木、その他の簡単な体育施設などが目に入った。ロシアでも、旧ソ連時代にはすべての学校にそのような体育広場を建てなければならなかった。

子供たちは小さな門から学校に入っていた。私は、塀を軽く飛び越えて行って、鉄棒体操をすることができた。しかし、一時でも、そのような考えをしたことを恥ずかしく思い、ホテルに戻ってきた。そして、私がちょっといない間に、北朝鮮の招請者に心配をかけたことに気付いたのである。

ロシアでいろいろな資料を通じて、私は北朝鮮の市場について良く知っていた。市場に行けば、実際の物の値段と平壌市民の購買力を知ることができるだろうと思った。しかし、残念ながら外国人が市場を訪問することは許されなかった。もしかと思って、市場を訪ねることができるかと聞いたが、答えをえることもできなかった。

幸いに、北朝鮮の軍部隊を訪問する途中で、我々は市場に近く接近することができたのである。まず、長い塀に沿った狭い道を歩く住民の行列が私の目を引いた。すべての人々が荷物を持っていた。女子たちは大きなかぼちゃほどの包みを頭に載せていたが、その大きさがかなり大きく見えた。男子たちは何かでいっぱいに積まれた袋を荷車に乗せて引っ張ったり背中に背負っていた。自転車に鉄で旋盤のようなものを作って、荷物を乗せたり、引っ張って歩いて行く人もいた。子供たちはピョンピョン跳ぶように走っており、両親は彼らを捕まえようと追っている。この微笑ましい様子はロシアの田舎の市場でも良く見慣れた風景のように思えた。

「人民市場」はサッカー競技場くらいの大きさであったが、石で作った塀は三メートル程度の高さがあった。入り口正面の中には内壁が建てられて、入り口から入って来る人々は右側と左側、二つの方向に分かれて入っていった。外部からはそれ以上、内部を見ることができなかった。

今日、北朝鮮には配給券がなくなり、賃金も一気に高くなった。それと共に、交通費、燃料費、住居費、食費および商品価格も高くなった。子供の幼稚園費用が増え、住民たちは以前には無料であった住居についても費用を支払わなければならなくなった。何人かの人々に直接聞いて見たが、俸給は約二十倍余り高くなったが、依然として物価上昇には及ばない水準であるという。たとえ政府の配給体系が存在してはいても、最近は市場メカニズムが機能していることが推測できたのである。

香山ホテルに泊っていた時であった。ホテルの近くを歩きながら写真を撮ろうと思っていた。荷物を頭に載せたり、カバンを手に持った北朝鮮女子たちが通り過ぎていた。少年団ネクタイを締めて、手カバンを持った小学生たちが喋りながら通り過ぎており、自転車に乗った男子たちも私の傍を通った。私は彼らに朝鮮語で挨拶したので、彼らも親切に応対してくれた。

しかし、彼らを写真に撮っても良いかと尋ねると、首を横に振りながら、急ぎその場を去った。私は通訳官に、本当に北朝鮮の人々は外国人と対話するのを禁止され、写真機の前でポーズをとることができないのか、と尋ねてみた。彼は、極く一般的な返事をした。「人々が何時も貴方を理解するとは限りません。」

北朝鮮人の手まめなことと勤勉さには驚くものがある。全国土の一〇%だけを耕作地に使える国で、北朝鮮の人々はほんの少しの土地でも大事に開墾する。私は大きな道から抜け出て、植林をして林業地になった所に入って見た。三平米程度の山の麓は一平米くらいの平らな丘陵地に変わっていた。少ない土地すらもそのように利用されていたのである。平らな田畑の畝《うね》では、主人たちが注意深く植えておいた種が青く芽生えていた。

大通りから遠くないところに二軒の建物があった。ホテル職員たちが住んでいる建物のようであった。その後ろに、灯かりが明るくついているホテルが見えた。五階の建物からは各々の部屋の天井についている照明などから薄暗い火影が漏れてきた。疎らに灯かりが消えている窓も見えた。塀の幅は下の方が八〇センチメートル程度、上は五〇センチメートルほどであった。塀は耕作地で拾った大小の石で、セメントを塗らないまま積まれていた。

北朝鮮住民たちの日常的な生活に向けられる外国人の好奇心に満ちた視線は、紛れもなく人気のない塀によって妨げられている。その上、北朝鮮では、一九七〇年代から統計資料が公開されてない。統計の大部分は大略的なものであり、常に信用できるものではない。統計上の数字が信じられないほど不正確である。私が、平壌の人口数を尋ねるたびごとに、聞いた数字は異なっていたし、その差異も百万人に達するほどであった。多くの資料によると、北朝鮮の首都には百五十万から二百五十万の人口が住んでいる勘定になる。

それに比べると、旅行ガイドたちは本当に正確なデータを持っている。彼らは、平壌の訪問客たちに歴史的で革命と関連する記念物に対し、大変詳しい説明をする。記念建築物の高さとか、これを建築する際に用いられた銅や花崗岩の量を必ず知らせてくれる。

北朝鮮労働党創党五十周年を記念して建てられた記念物について説明する中で観光ガイドはつぎの事項を強調する。建物の高さが五〇メートルになるが、これは五十周年を記念するためである。鎌とハンマー、および筆で囲んで巻いた頂上の円形の花崗岩の直径は四十二メートルになる。鎌とハンマーと筆は農民、労働者および知識人の連合を意味するものである。四十二という数字は偶然に出てきた数字ではなく、金正日の出生年度が一九四二年ということと関係があるのである。円形花崗岩には、二百十六個の花崗石があるのだが、これは偉大な指導者同志が二月十六日生まれだからである、等々。

ある時は、主体思想塔を観覧していると、旅行ガイドが記念塔の高さが一七〇メートルであり、真ん中の柱の高さが一五〇メートル、松明の高さが二〇メートルであると言った。記念塔の土台には二万五百五十個の花崗岩の板石があるが、これは金日成の生存日数であると説明した。板石の上には金日成画と木蓮画が置かれていた。木蓮花は朝鮮民主主義人民共和国の象徴である。この記念塔は北朝鮮初代主席で主体思想の創始者である金日成の誕生七十周年を記念するために作られたので、七十束の花が置かれている。主体思想は自主国防に基づく自主国家の理念が根幹をなしている。記念塔の頂上に登った後、私は特別関心を持って赤い色の石で作られた長さ二〇メートルの四角形模様の柱と松明を観察した。

平壌の風景は夜になると、闇の中に消えていくが、確固不動な主体思想の象徴である、生き生きと燃えるこの松明だけは、都市の上空の高くで灯されている。

第七章　錦繍山記念宮殿で

一九九四年に死亡した北朝鮮主席金日成は、錦繍山宮殿のガラス防弾石棺のなかで眠っている。プリコフスキー全権大使を団長とするロシア使節団が錦繍山宮殿を初めて訪問したのは、二〇〇二年二月であった。二〇〇三年、私は金日成のお墓に二回目の参拝をした。

その前日、金日成のお墓で、どのように行動すべきかに関する指針が伝達された。

「偉大な人に会いに行くので、最も良い服を着なければなりません。錦繍山宮殿では写真を撮ることができません。ポケットから万年筆やノートを取りだしてもなりません。話をしてもいけないし、静粛を維持しなければなりません。金日成主席には三つの方面から挨拶をしなければなりません。足に一回し、左側と右側からそれぞれ挨拶をして下さい。頭近くで、挨拶することは禁止されています。貴方の傍にいる人の行動を良く見て、その通り行えば結構です。」

朝早く、ホテルから出て凱旋門近くにある運動場に行った。ここで、幾つかの外国人グループが集まることになっていた。我々の代表団名簿を確認した後、十五台の自動車行列が錦繍山記念宮殿に向かって出発した。

それほど長くの時間はかからなかった。我々は幹線からトランバイ線（電動汽車用路線）を横切る大きな道に方向転換をした。さらに二回方向を変えた後から、美しい石造のギャラリー前に待ちわびている人々の行列が見えた。そこが錦繍山記念宮殿に入る入り口であった。我々は四人一組みで列を並んだ。暫く立っていた後、ゆっくりと前に進みはじめた。我々の後には二〇メートル余りになる他の行列がついてきたが、彼らは軍人で、青いズボンと夏の制服を着ていた。彼らの顔には哀しい色がはっきりと浮んでいた。

我々はエスカレーターに乗った。側面が開放されたギャラリーは次第に大きなプラスチック窓で閉じられたギャラリーに変っていった。一方では、水がいっぱい満ちた大きな運河が見え、もう一方には金日成肖像画が掛けられた大きな錦繍山記念宮殿が眼の中に入って来た。まるで地下鉄駅に下るように降りて行った。窓がなくなり、電灯がついた道が現われた。エスカレーターから人々が次々と降りて、特殊警察隊の前に近寄った。彼らは地雷探知器に類似した特殊装備を持って訪問客を検査した。

早く歩いていた観覧客の行列が一・五メートル程度の間隔に開かれて、次第に混みはじめた。金銀色の糸で編み出した黒い朝鮮服を着た美女たちが二〇メートルから三〇メートルの長さで堵列《とれつ》していた。二〇〇メートル余りのエスカレーターを通り過ぎ、全身を消毒する緑色の仕切りに入った。

我々は最後の検索機に近づき、一人ずつ真空掃除室のようなところに入った。この真空掃除室は両面から静かに閉められ、強力な真空掃除機がすべてのゴミを吸い取った。今や我々は完全に殺菌消毒され、青銅ガラスの下に眠っている金日成に、如何なるバクテリアの脅威も与えない人に変わったのである。

真空掃除室から出てきた我々は、エレベーターに乗って上の階に登った。薄ぐらい廊下に沿って、ゆっくりと歩いた我々は、やがて七〇メートルの展示室に入って行った。金日成のお墓内の静寂には驚くようなものがあった。四十余名の人が展示室のなかで、同時に動いているにも拘わらず、足音も聞こえなかった。展示室の中央に敷石が置かれていたが、ここに、北朝鮮の初代主席である金日成が眠っていたのである。我々は、金日成のお墓に近づき頭を三回額づいて礼拝した。

引き続き、「追慕館」に移った。我々は、みな録音機を受けとって、壁の方へ案内された。壁には、父・首領同志を失った北朝鮮人民たちの悲しさを表現した浮き彫りが刻まれていた。録音機からは奇麗なロシア語で、哀切な声が流れていた。北朝鮮住民たちが主席の死を哀悼しながら十日間休まず、涙を流したという事実を思い出した。

錦繡山宮殿は金日成の生前における二十余年の彼の公式の居所であった。主席の死亡後、ここは、北朝鮮の新たな指導

錦繡山太陽宮殿

者である金正日の主導の下で、金日成のお墓として造成されたのである。初めの数年間、訪問客たちはまるで赤の広場のレーニン廟近くに立っている人々のように、雨が降っても雪が降っても、露天に立っていなければならなかった。このような訪問客の不便さを見た金正日は悪天候から訪問客を保護できるギャラリーを建てるように、と命令したのである。そのようにして、ギャラリーが建築物の調和を壊さない範囲内で記念館が建てられたのである。

私は、芳名録に署名するように促された。錦繍山記念宮殿はすべての訪問者の署名を保存していた。署名を残した人のなかには、米国のマデレーン・オルブライト前国務長官、プーチン・ロシア大統領などもあった。

記念宮殿は公園と連結されていた。焼けつく正午の、爆炎を吹くような天気であった。木蔭下のベンチや傘の下に入りたかった。同じ高さの木が一列で遠くまで伸びていたが、その姿がまるで定規で高さを測って切った様であった。広場には、水泳プールがあったが、水面の上を白鳥だけがゆっくりと余裕を持って泳いでいた。

ギャラリーから多くの女性軍人が出てきた。我々が滞在していた間に、北朝鮮建国五十五周年を祝う軍事行進があったが、女軍部隊の行進は大変素晴らしいものであった。大きくない背に、たおやかな姿をしていて、可愛い花のような姿は女軍の節度ある行進を通じて、必要な場合には祖国守護のために、自分自ら行動することを示してくれた。

その瞬間、人工湖に現われた小さい帆船が大きな混乱を引き起こした。白い羽の鳥たちが優雅さを忘れたかのように、まるで船をひっくり返す勢いで四方から船の方へ集まってきた。船から四方へ餌を投げ始めると、人工湖には嬉しい叫び声が響いた。

このすべての場面は、本当に興味深いものであった。鳥の群れが集まっている近くの芝生には男女たちが集まっていたが、彼らは太陽の光を楽しみ、笑ったり喋ったりしながら若さを思う存分に楽しんでいるようであった。

人生というのは、持続されるものである。たとえ偉大な人物が去るとしても、人生は続くものである。東洋には次のような諺がある。

「時間は流れるものではない。我々は時間を通り過ぎるだけである。」

第八章　金正日を救った英雄、ヤコップ・ノビチェンコ

平壌の高麗ホテル近くに、中央鉄道駅がある。半世紀前、ここで金日成の生命を狙った爆弾テロ事件が発生した。当時のテロ事件については何回も聞いたことがあるので、この歴史的な場所を必ず訪問してみたかった。しかし、残念ながら、金日成主席の生命を救ったソ連将校の功労を讃える記念碑は見つけることができなかった。

この爆弾テロ事件は一九四六年三月一日、ある大衆集会で発生した。ヤコップ・ノビチェンコは自分の部隊の部隊員と一緒に警戒の勤務をしていた。その時に、金日成の立っていた演壇へ手榴弾が飛んできた。ヤコップはその場へ飛び込んで手榴弾を拾ったが、周囲は人々で混みあっていたので、手榴弾を投げる適当な場所がなかった。この集会には三十余万の人が集まっていた。やむを得ず、このソ連将校は自らの体を手榴弾に覆いかぶせたので、手榴弾は彼の体の下で爆発した。

この劇的な事件に対する裏話は少なくなかった。ノビチェンコはこの集会に出る前に、ある本を読んでいたが、彼はその本をベルトを締めた外套のなかに入れておいた。この本が激しい爆発物に直接触れたので、ヤコップ将校は重傷を負ったが、奇跡的に命は助かった。腕が切られて、破片が眼に刺さったが、ノ

ビチェンコは生き残ったのである。金日成は彼の英雄的な行動に感謝するという意味で、次のような署名が刻まれたタバコ・ケースを贈った。

「朝鮮人民委員会委員長金日成より英雄ノビチェンコへ。」

北朝鮮の病院を退院した後、ノビチェンコは妻と八才の娘が待っている故郷ノボシビルスク地域のトラブノ村に帰った。ノビチェンコはその後も子供を作り、みんなで五人を育てた。彼の人生において、劇的な変化は戦争が終わった後、ほとんど四十余年あまりが過ぎた時、再び起きた。

一九八四年ソ連を訪問した金日成主席は、生命の恩人を訪ねた。そして、ノボシビルスクで彼らは出会った。その後、この北朝鮮の指導者はこのシベリア人と暖かい関係を維持した。ノビチェンコは家族と共に、毎年北朝鮮を訪問した。彼は、北朝鮮の英雄という称号を授与されたのであり、北朝鮮で最も尊敬される勲章のなかの一つである「金勲章」を授与された。

金正日もロシアの訪問の道で、汽車がノボシビルスクに停車している間に、八十二歳になったノビチェンコの未亡人と彼の息子たちと会うことにした。汽車はノボシビルスクに朝六時に到着して、外には雨が降っていた。金正日はロシア使節団が陪席した席で、ノビチェンコの家族にお土産をあげた。北朝鮮統治者である金正日は、この旧ソ連将校が死ぬまでの安否について話を交わした。

二人の交流は、ノビチェンコが平壌を訪問した時に行なわれたものと伝えられている。

第九章　シベリアに配流された朝鮮人、四十六年ぶりに家族と面会

第二次世界大戦は朝鮮半島に途方もない災難、すなわち、数多くの家族の離散をもたらした。私に、自らの悲劇的な運命を打ち明けてくれた朝鮮人の李氏も、そうした人々の一人であった。

ソ連軍が北朝鮮を日本の支配から解放し、米軍が韓国を自由にした一九四五年、ある都市で朝鮮人が解放軍にどのような態度を取るべきかについての会談が行われていた。この会談に参席した李氏は、朝鮮はソ連の後援も米国の後援も必要ではない、という立場をとった。この事実は自然にソ連軍の耳に入って、結局、配流されたソ連人たちのように、彼も五年間、自由を失い、シベリアへ追われた。彼の家には、一歳から八歳までの子供五人が残っていたし、その時、彼は四十歳であったという。

シベリアの伐木場で五年間の労役を終えた李氏は、流刑地から自由になったが、祖国に戻ることはできなかった。ソ連と他の国家間に、「鉄のカーテン」が降ろされていたからであった。結局、彼はシベリアのある都市の軽工業綜合工場で製靴工として働いた。ロシア語が良くできなかったので、靴の底に釘を打ち込み、磨り減った靴の踵を編む仕事だけしかできなかった。しかし、他の朝鮮人のように彼も勤勉であったために、共産党の突撃作業組みになり、社会主義競争の優勝者になった。彼は引退した後、一九七八年

まで、家族の生死も知らず、一人孤独にシベリアで暮らした。

彼は七十八歳になってようやく勇気を出して、市の役所を尋ねていき、暖かくて少しでも祖国と近い沿海州地域に移住させてくれることを懇請した。朝鮮人である李氏の訴えはソ連官吏を驚かせた。貴方が望むならばどこへでも行けるし、どこにでも住める自由人であるというふうに教えられた。彼について知る人々はいなかった。弾圧に懲《こ》りた彼は、どんな人に対しても、自分のことについて話をしなかったのである。たぶんこれが抑圧されてきたすべての人々の典型的な生き方であっただろう。

李氏はパチジャンスクへ移り、幾人かの朝鮮人が集まって暮らしている街に定着した。彼は、中国語で「カノム」、ロシアの高麗人たちは「クトル」と呼ぶ暖かいオンドルのある、木で作った小さい伝統的様式の家を建てた。オンドルは東洋人が考え出したものであるが、特に脊髄神経筋炎と通風を患っている老人に効く。焚口に火を燃やすとあばら屋は暖かい温気で溢れた。

この老人が受けていた年金は充分でなかったから、彼はタイガ地域（針葉樹の多い森林地帯）で狩を始め、羊歯《しだ》植物や蕨、椎茸、つるにんじん、トラジ（桔梗）、麻を採取して、朝鮮式に料理した後、市場に行って売ったのである。彼の善良さに感動した多くの人々が彼から羊歯植物を購入した。もっとも、その地においても、彼の運命について知っている人は誰もいなかった。

旧ソ連が韓国と外交関係を樹立するようになるや、現代グループが沿海州地方のナホトカに支社を設けるようになった。一九九一年、李老人はいつの間にか八十二歳になっていた。彼は現地の現代支社長を尋ねて行って、ほとんど半世紀前に別れた息子を探すための助力を求めた。現代関係者は、もし彼の家族が韓国で暮らしているとすれば、彼らを探す助力を惜しまないと約束した。

李氏がシベリアへ配流される前に暮らしていた村は、非武装地帯に近い南地域であった。この村の地域新聞は李氏の奇遇な運命を描いた記事を掲載した。幸いに、一人の老人が大昔に起きた李氏の過去を思い出してくれた。李氏の妻は、李氏がシベリアに追われた一年後に死亡したのであり、この村には、彼の息子の誰一人として残っていなかった。彼らは、カナダ、米国、カリブ海の島に、散らばって住んでおり、娘一人がソウルで暮らしていたのである。

息子の便りを伝え聞いた李氏は、自分が朝鮮語をほとんど忘れており、その上、ロシア語はよく習うことができなかったと言って、悲痛に落ち込んでいた。彼に韓国を訪問できる書類が齎《もたら》された。やがて彼は、船便で韓国に到着して、世界各地から父親を訪ねて来た息子たちとソウルで会った。ほとんど半世紀が過ぎた後、自身の父親がすでに昔世を去ったものと信じていた息子、娘および李氏の出会いは、このようにして劇的に行われた。

過ぎ去った時代の朝鮮半島の過酷な運命は、朝鮮人たちを世界各地に散りぢりにした。自身の祖国が「静かな朝の国」と考える約五百五十万人程度の人々が、今も、さまざまの大陸に散らばって安住の地を探し求めているのが実情である。ロシアに十五万人、ウズベキスタンに二十五万人、カザフスタンに九万九千人、米国に二百十万人程度の朝鮮人が暮らしているほか、他の地域においても多くの朝鮮人が暮らしているのである。

第十章　軍事パレード

平壌での軍事パレードは、見るだけのものがある。我々一行は行進が始まる約一時間半前にパレードの見やすい場所に席をとっていた。安全要員たちが五～六メートルおきに配置され招請状を詳しく検査したり、カメラの所持如何を一々確認した。

すでに十五名の高位外交官たちが席をとっている本部席入り口で、もう一度検索をうけなければならなかった。彼らはタバコを吸ったり、互いに話をしながら飲料水などを飲んでいた。我々は五十余りの外交官席を通り過ぎた。観覧席の上の階に、金正日が座って見守っていた。我々の客席の下の方には千五百余名の人々が座っていた。この座席には国家記念日を迎えて

金日成広場における軍事パレード

世界各地から招請を受けた海外朝鮮人たちが含まれていた。

広場は空いていたが、広場と繋がった道路には、すでに軍楽団が準備を終えており、さらに遠くには、軍人たちの行列が見えた。遠くの大同江辺りの軍隊の陣容が見えており、その後ろには数十万名の人々が立っていた。彼らは、バラで覆われた広場を演出していた。パレードに参加していた人々が手に持った造花が色彩感のある背景を演出していた。

広場を囲んでいる建物には、金日成、レーニン、マルクスの肖像画が掛かっていた。北朝鮮の初代主席である金日成の肖像画はマルクス・レーニン主義の主唱者よりも遥かに大きかった。金日成の顔には魅力的な微笑が漂っている反面、レーニンとマルクスは深刻な表情を浮かべていた。時計の針が午前十時を指していた。広場は演壇に現われた北朝鮮国防委員長金正日を迎える北朝鮮住民たちの拍手喝采と歓呼で覆われていた。

広場に二台のリムジンが入って来た。一台にはパレードの指揮官が乗っており、もう一台には朝鮮人民軍総司令官が乗っていた。司令官たちは堵列している軍人たちを査閲した。「万歳」という意味の「マンセ」の声と共に、空中に数千個の彩り豊かな風船が舞い上がった。総司令官が司令官席にあがってパレードの準備が完了されたことを最高司令官である金正日に報告した後、堵列していた兵士たちに号令をかけた。外交官たちが座った客席に資料が配付された。

金日成広場における群衆集会

朝鮮人民軍の陸海空軍および人民警備隊兵士および将校の皆様！

平壌市民の皆様！

親愛なる同志の皆様！

今日、歴史的な第十一期最高人民会議の第一次会議で、我が党と人民の偉大な指導者でいらっしゃる金正日同志を朝鮮民主主義人民共和国の国防委員長として選出し、我が共和国建国五十五周年を記念することに関し全世界が限りない歓喜と感嘆のメッセージを送っております。

このような国慶日を迎えて、我々は壮健な軍事パレードと大衆行進を実施しようとしております。これは党の先軍指針の下で、主体革命を完成する日まで、我々軍隊と人民の確信と意志を示してくれるでしょう。我々は、偉大な金日成主席の国家建設に向かった不滅の努力と社会主義朝鮮の確固たる精神に従うでありましょう。指導者同志と党と軍と人民は絶えず強力な団結のなかで、新しい革命の勝利に向かって力強く前進するでしょう。

朝鮮民主主義人民共和国建設五十五周年記念日である今日、人民軍とすべての人民個々人は尊敬する眼差しで、共和国が歩んできた半世紀以上の光栄に満ちた道を眺めており、朝鮮民主主義人民共和国を建設し、勝利と繁栄の途に導いた偉大な指導者金日成首領と金正日指導者同志様に限りない歓喜と感謝の意を伝えます。

偉大な指導者同志である金日成主席が共和国を創建したのは、まず五千年民族史において、反日革命闘争の時期に現われた悠久な歴史的な根元に基づく真の人民自主国家の設立であったのであり、社会主義諸国の建設という新しい幕開けを知らせる歴史的な事件であり、人民の要求に相応しいものであり、我々人民の運命を決定づける転換期における価値ある革命的課業の達成でありました。

主体の旗を高く掲げて、すべての苦難と逆境に勝ち抜き、偉大な指導者首領様は、我々共和国を独立的で、自主的で自主国防の基盤を持つ社会主義国家へ変化させたのであり、全生涯をかけて厳しい難局を克服し、祖国が数千年に亘って発展できる基盤と未来の世代の幸福のための基盤を敷いておきました。父なる首領同志のこのすべての偉大な業績と恩恵は祖国の歴史のなかで限りなく輝くでしょう。

前例のない甚だ酷い苦難に勝ち抜き、生涯を通じた初志一貫、すべての国家活動の領域で、先軍政治を実践して、尊敬する最高司令官金正日同志様は共和国の軍事政治的力量を前例なく強化したのであり、一糸乱れず、革命闘士たちの団結を強化したのであり、我が国が理想的な政治的軍事的国家として、自身の力量を示せるようにしたのであり、社会主義経済体制の大きな発展を築きました。

今日、我が共和国は如何なる激動のなかにおいても、衰えず自主権を守護しており、米国との抗争においても、継続的な勝利を収めており、強力な繁栄の国に向かって力強く前進しております。これはすべて、尊敬する最高指導者金正日同志の非凡な政治的能力と賢明な指導の貴重な結果であります。

我が人民軍は、指導者同志の軍隊、党の軍隊として今後も変らず、革命的課業を遂行するであろうし、尊敬する最高指導者同志の先軍指導路線を支持するであろうし、指導者同志を守るための弾丸と爆弾になり、偉大な金正日同志を首班とする革命指導者を守護するでしょう。

人民軍のすべての兵士と将校は、祖国の安全と社会主義の勝利は人民軍の銃剣と武器の手助けによってのみ保障されるという鉄の論理を深く理解しており、全力を尽くして戦闘力を強化するでしょう。

我々の善意と雅量にも拘わらず、今日、米国が朝鮮民主主義人民共和国との関係において、以前と同様に、敵対的な政策を放棄していない状況のなかで、我々は主権国家の防衛という名で、自主国防のための正当な防衛手段として核保有力を強化していくことになるでしょう。

人民軍は、すべての人民と共に、米帝国主義者たちの浅知恵と共和国を抑圧しようとする試みに対して峻烈に対処するでしょう。もし米帝国主義者たちがこの地に再び戦争の火種を起こすならば、人民軍は容赦なく、びしびしと侵略者に大きな打撃を与えるであろうし、引き続き、祖国統一の歴史的な課業を成し遂げるでしょう。

偉大な指導者金日成主席様の革命思想のために！
偉大な指導者金正日同志のために！
朝鮮民主主義人民共和国建国五十五周年のために！

軍事パレードは千二百名で作られた軍楽隊の演奏で開始された。演奏を終えた軍楽隊が太鼓を打ちながら、客席の向かい側に堵列した。広場へ行軍する軍人たちが入場してきた。それぞれの分隊が、二十五人一組みになって、十二個の分隊が入ってきた。驚くほど正確に列をなした空軍、海軍および陸軍が行進して通り過ぎた。

我々に感動を与えてくれた女軍たちは、各分隊別に三百名すづ隊列を組み、四つの分隊を成していた。彼女らは、魅惑的な銃剣を正確にアスファルト上の五十センチメートルにあげて行進した。女軍の服装は白い夏の制服に、ひざまで伸びた濃い青色のジンス、そして、赤い星が付いた軍帽で成されていた。女軍たちの細い腰には、広い革帯が締められており、横に拳銃のケースが付いていていた。

三十余個以上の行進軍団が本部席を通り過ぎた。この行事に、ほとんど一万余名の陸軍、海軍、空軍、空中落下部隊員、およびその他の軍代表団が参加した。北朝鮮建国五十五周年記念パレードで、人民軍は戦争脅迫をしたのではなく、実際に人民軍は防衛軍であり、侵略軍ではないことを示してくれた。ある兵

金日成広場における祝砲夜会

金日成広場における軍事パレード

士隊列は、武器なしで行軍していた。軍隊のなかで、最も強力な軍隊は擲弾軍であり、広場へタンクや装甲車のような重火器は一台も入ってこなかった。

軍事パレードのすべての場面は百余りのテレビ放送局により録画された。北朝鮮では生放送で中継されたのかどうかは知れないが、ロシアでは九月九日に放送された。

また大衆行進も印象的であった。各列に五十名によって作られた六十余個の大型の隊列があった。国慶日の装飾が特に印象的であった。一番目の車輌に金日成の銅像が運ばれていた。慶祝日の数日前から、なぜ平壌の主要街からトランバイとトロリーバスの電線などが一時的に取り除かれたのかが理解できた。北朝鮮創始者である金日成銅像がその下を通る訳にはいかなかったのである。本部席を通り過ぎ、二〇〇〇年六月十五日、南北首脳間に結ばれた共同声明の模型が通り過ぎた。

平壌市民たちは広場で見た金正日を熱狂的に迎えていた。誰彼なしに、歓喜に浮かされて腕を高く揚げて、お花を振っていた。およそ十万余りの人波が群れを成して通り過ぎた。それより遥かに多い百余万を越える人波がお花の波を成した。それこそ幻想的な光景であった。まるで巨大なコンピューター・スクリーンのなかに、調和され合成され、複雑に織り成した人々とスローガンが現われるようであった。

慶祝行事の終りの部分に、金正日が本部席両側を通り過ぎるや、新たな拍手喝采が広場を覆ったのである。私は、一階段下りて来て、首をあげて北朝鮮統治者の横顔と、人々を歓迎する様子で、伸ばした右手をみた。金正日と並んで、本部席に座っていたプリコフスキー全権大使が声を掛けるまで、北朝鮮最高司令官である金正日はパレードを注視していた。パレードに参加したすべての人々は、自らの未来が自らの努力如何にかかっていることを固く信じているに違いなかった。

夜には、大学生たちの優雅な松明行進が行われた。若い人々はスローガンの掛け声を発し、その文字を松明で描いていた。しかし、この時間には、金正日は現われなかった。

第十一章　コニューホプ兄弟の相違なる北朝鮮冒険

沿海州には、北朝鮮を訪問したことのある、かなり多くの人々が暮らしている。全世界に良く知られた旅行家であるコニューホプ兄弟（パベル・コニューホプとピョドル・コニューホプ）はそれぞれ信じられないほど、劇的に北朝鮮を訪問してきた人である。ピョドルは海岸境界線を侵したという理由で起訴され、パベルは金日成主席の誕生日に、名誉あるお客様として招待されて北朝鮮の地を踏んだのである。

一九七六年夏、太平洋沿岸の国境硝所に沿って二台のヨットがナホトカから遠征に出た。その一隻が「オリャ号」であり、ピョドル・コニューホプをはじめ四名の乗務員が乗っていた。彼らは、沿海州海岸に沿って北側に上る内に、船首を南に変えた。安全のために、海岸警備隊が彼らの航路をチェックしていたが、暴風が吹いてきて航路が変った。オリャ号の帆に波が入って来て、帆の上部まで風が押し寄せたために、操縦の利かない状況に置かれていた。巨大な波がヨットを東海の方へ押し流しており、とても船を戻すことができなくなるや、最も冒険心が強い一人の船員が帆に登って行って風を受けていた帆を切ってしまった。幸いに、ヨットは安定をとり戻した。

海との戦いの最中に、乗務員は船の位置を知らせる座標を失った。彼らは、海岸警備隊の視野から消えてしまったのである。嵐が落ち着いて静かになった時、オリャ号は茫々たる大海に漂っていた。その時に、水平線の向こうに一隻の船が現われヨットの方に近付いてきた。汽船の底の部分に「ウラジオストク」という船籍港が書かれていた。

ヨットにいた人々は素早く帆を揚げて汽船の方へ動き始めたが、千切れた帆では速度をあげることはできなかったので、汽船は直ぐ白い煙りのなかに消えてしまった。オリャ号は引き続きその船を追って行った。誰一人その船が沿海州地域の港に向かっていくことを疑った人はいなかったのである。遠く灯台と浜辺の姿が見えるや、ヨットの乗務員は地図を広げて水路図と実際の浜辺を比較した。

しかし、特徴などが一致しなかった。乗務員たちは北朝鮮地域に入って行ったかも知れないという恐怖で、直ぐ帆を変えて海の方へ進んでいった。しかし、二隻の帆船が彼らに接近して、オリャ号を牽引しようとロープを投げかけた。コニューホプと彼の親友たちは彼らが北方へ向かっていると身振りで説明し、彼らはソ連のヨットマンであり、コムソモール団員であるとロシア語で訴えた。

しかし､北朝鮮漁夫たちは引き続き彼らを追撃した。ヨットが帆を降ろし停まって牽引要求に応じなかったために、追撃した漁夫たちはヨットの方へロープを投げて、どこかに引っ掛けようと努めた。コニューホプとその親友たちはロープを再び海へ投げて、漁夫たちがヨットを沈没させるかも知れないと悪口を言い続けた。

汽船たちはヨットが動けないように包囲してヨットを停止させようとした。オリャ号の乗務員は船をジグザグに運行して追撃者たちの船と衝突するようにした。キイキイという大きな音が聞こえ、険しい悪口も飛び交った。この時ヨットマンたちは降服しなければ沈没する可能性があることを悟った。彼らは帆を降ろして船を止めた。北朝鮮漁夫たちはオリャ号に寄り付き互いに大きな声で叫んだ。誰が牽引するかで口論になったに違いない。結局、この海戦の勝利者が決定され、ヨットを汽船に連結して牽引して行った。

ヨットの船長はオリャ号が拿捕された時間を航海日誌に書き入れて、コニューホプに対し牽引速度を測定するように命令した。ヨットマンは彼らが十二マイル地域で拿捕されたが、北朝鮮海岸地域までは行ってないと計算した。帆船は羅津港に拿捕され、ヨットの近くに自動小銃で武装された二人の警備兵が配置された。また自動小銃で武装した約三十余名の北朝鮮兵士たちが、オリャ号が捕らえられている場所から三〇メートル余離れた所に配置された。

第一日目に大佐と三尉、そして通訳官が帆船を尋ねてきて、北朝鮮海岸を侵犯して起訴されている事実をヨットマンに知らせた。コニューホプは暴風によって惹起された不可避な状況であったことを説明し、ソ連外交官と連洛してくれるように要求した。幸いに、羅津港には極東海岸船舶国の代表が駐在していた。翌日、彼がヨットを訪問し、帆船の事故に関する仔細な説明を聞いた船舶国代表の助けで「侵入者」という起訴内容は無効処理された。その代わりに、北朝鮮漁夫たちがオリャ号を救助したものと処理された。

しかし、国際法によれば、海難救助に対して少なくない費用を支払わなければならないために、彼らは新たに作られた事実も拒否した。三日後、羅津の政府官庁では、ソ連ヨットマンたちが北朝鮮に「友情に溢れた訪問」をしたと公表した。帆船は自由になったのであり、祖国であるナホトカ港に戻ったのである。

パベル・コニユーホプと彼の三人の親友は、前述の話とは全く異なる次元で北朝鮮を訪問するようになった。自転車に乗って十ヵ国以上を旅行したパベルは、今度は自転車に乗って朝鮮半島を北から南へ横切る計画を立てたのである。ところが、途中で全く予想もしなかった金日成の誕生日に招待を受けるようになってしまった。

一九九一年四月、四名の旅行家がナホトカから国境のハサン駅に到着した。彼らを迎えるための旅客列車が、彼らが一度も行ったことがない北朝鮮からすでに到着していたのである。すべての客車が美しい装飾物で飾られていた。機関車が自転車競技選手たちを乗せた客車を引っ張って北朝鮮の方へ向かって動いた。

「豆満江駅で選手たちは金日成銅像に花輪を捧げて、地域代表と会った後、記者会見をし、自転車に乗って平壌市内を回りたい希望を述べた。平壌までは汽車でゆく予定であった。客車が旅客車に連結された。五名の北朝鮮男子と二人の女子が同行した。これらすべての人に、個別的な客車が提供されたが、これを拒んで、皆同じ客車に乗って行った。お昼には、ナホトカから来たお客様にビールと葡萄酒、肴が提供された。

汽車が平壌に到着した時に、旅行者たちは運動服に着替えて自転車を準備せよという要求を受け、五名の北朝鮮自転車選手と一緒に街を走るのだと言われた。汽車から降りるや否や、お客さんは直ぐ金日成記念銅像に向かった。メルセデス・ベンツから降りた案内人が彼らと同行した。パベルの記憶に従えば、銅像近所には多くの人々が集まり、金日成銅像にお花を奉献した極東地方から来た旅行家たちに歓呼を送った。

ソ連自転車競走選手たちは平壌で二週間泊った。彼らの訪問の絶頂は金日成のための音楽会を観覧したことであった。公演は美しい広場で開かれた。彼らには下層の普通席の方にその席が与えられた。前には北朝鮮の高位官僚が席に着いており、その中の一人が金正日であった。公演場に金日成が登場するや否や、歓呼の波が起き、金日成はソ連選手が座った席から僅か三~四メートル離れた所に座った。音楽会が終わった後、彼らは金日成主席に紹介され、金日成は彼らの一人一人と握手したのである。

四人の自転車選手たちは、北朝鮮から歓待を受けたのであり、テレビにも数回出演した。道で会った人々は皆、彼らを知っていた。彼らが車に乗って、平壌に電気を供給する水力発電所を視察するために行った時には、七〇メートルに至る道路に多くの人々が出迎え、ナホトカから来たお客様を歓迎したのである。

パベル・コニューホプは平壌を美しくて親切な都市、そして、平壌市民は最も誠実な人々であると記憶していた。ある日、パベルは泊っていたホテル近所でカメラを紛失した。次の日に行って見たら、カメラは紛失したその場所にそのまま残っていた。しかし、パベルはヨーロッパ人についての思い出と、この日のことを較べてみた。ベルギーでは、人々が多く集まった所に、カバンと一緒に自転車を暫く置いていった。気候が大変蒸し暑くて、彼はショート・パンツだけ着て街に沿って、人々の生活ぶりを見ようと歩いていった。そして、戻って来てみると、カバンと自転車が消えていた。しかし、腰に巻いていた袋に旅券を保管していたのが幸いであった。パベルはポーランドを経て辛うじてソ連に戻ることができたのであるが、心優しいヨーロッパ人が与えてくれた半ズボンとランニング・シャツだけを着ていた。

彼らには、北朝鮮訪問記念として、金日成主席誕生日に招待されたお客様であることを証明する手紙と、北朝鮮の伝統的なお酒セットが土産として与えられた。高麗人参の根っこが入った瓶は、今もパベルの家に保管されて、北朝鮮旅行の大切な思い出となっているのである。

第十二章　金正日はロシア語が分かるのか？

今日、私には自慢できることがあります。

平壌の巨大な建築物である凱旋門に関し、美しい北朝鮮の女性がハッキリしたロシア語でそれとなく暗示した。事実、私の手中にはウラジオストク、パリ、モスクワで撮った凱旋門の写真などを持っているが、この平壌美人の話は興味を引くものがあった。

「モラン峰麓に場所をとっているこの凱旋門はパリの凱旋門より三メートルも高いものです。」

この女性は誇り高く説明を続けていた。

「その高さが六〇メートルにもなります。凱旋門には四つの壁面がありますが、それぞれの壁面には巨大な柱が建てられており、中間部分にバルコニーがあり、頂上部分には三階に作られた屋根があります。本体は一万一千個の花崗石で造られております。凱旋門の周囲は七十個の躑躅《つつじ》の彫刻で囲まれております。」

三年以上もガイドの仕事をしているという金氏姓を持つこの平壌女性は、平壌の名勝古跡についてロシア語で説明した。最近、ロシア旅行客が増えるにしたがって、独学でロシア語を学び、今日がまさにその女性が通訳官なしに一人で説明する第一日目であった。

一九九〇年代半ば頃だけでも、北朝鮮ではロシア語が不動の第一外国語であった。しかし、次第に英語の比重が高くなった。ロシア語は壮年層の多くが知っている。統計に従えば、十万名以上の専門家が旧ソ連で教育を受けて実力を積み、シベリアか極東で働いたという。北朝鮮学術院の研究報告書によれば、以前の北朝鮮の科学研究成果の五〇パーセントがロシアの科学者たちの研究に基づくものである言われている。

研究所や図書館などはロシアの学術雑誌を購読している。我々が訪問した人民大学習堂には電子カタログを通じて、ロシア著作者たちの書籍を探して見ることができた。人民学習堂では八ヵ国の外国語を六ヵ月間学ぶことができる講座があった。その中では、ロシア語、英語、スペイン語、ドイツ語などがあった。学生たちは働かず学習だけに専念したのであり、一ヵ月程度の平均給料を受け取っている。平壌外国語大学では、学生たちは十九ヵ国の外国語を勉強している。

それでは、金正日はロシア語をどれほど知っているのであろうか。平壌のある大学でロシア語を勉強し、彼の父親である金日成のソ連訪問時に、二度も同行したことのある金正日はロシア語を理解しているようである。平壌において、我々は多くの人々がロシア語を知っている事実に何度も驚いた。ある時には、記者会見場で北朝鮮記者たちから自筆署名を求められたことがあった。二十五歳前後の若い記者は翻訳サービスを拒んで、自分はロシア語をよく理解すると述べた。ホテル従業員、ウェイターたちは我々が教えてあげた単語など、例えば一階、ナイフ、フォーク、可愛い女性、緑茶などを暗記し、日常の言葉を容易におぼえた。その答礼として、我々は朝鮮語を教えてもらったのである。

我々と共に働いた通訳官はロシア語をかなり良く駆使した。幾つかの行事で、呉《オ》氏姓を持った魅力的な通訳官の女性が我々を助けてくれた。我々はその女性に、「オリャ」（オルガの愛称）という名前をつけてあげたのであり、彼女もこれを嬉しく受け入れてくれた。このようにして、私と同名の人が生まれた。我々は、誰かが「オリャ」と呼んだ時に、同時に答えるか、でなければ、互いに自分ではないと思い、二人とも答えないような、皮肉なことがしばしば起きることになった。

第十三章　金大中の話を八〇パーセントだけ理解した金正日

言語学者たちは、時間がさらに流れて南北朝鮮の言語の差異が深化すれば、韓国人と北朝鮮人との間で、お互いを理解し難くなるだろうと言っている。十五世紀まで朝鮮人たちは自らの文字を持たず、中国の文字を用いなければならなかった。数千個の象形文字で造られた中国の文字は、一二三四年から朝鮮半島で使用されるようになった。これはグーテンベルク活字がドイツで利用される二百年前のことであった。

このような事実は、仏教寺刹である普賢寺の書庫に我々を案内した旅行ガイドが教えてくれた。この寺刹の秘密の書庫には一定した温度の真空状態で、「八萬大蔵経」が保存されている。八萬大蔵経は仏教経典を集大成したもので、八万字の木刻がほどこされているが、この木刻印刷は朝鮮人の印刷術をよく示してくれる資料でもある。

二十八字で造られた訓民正音と言われる朝鮮文字の誕生は一四四六年に造られたのであり、世宗大王の治世の期間であった。この時期に、朝鮮には、固有のカレンダーが作られており、風の方向と速度を測定する太陽時計と水時計が造られた。十五世紀末のこの文字は、朝鮮の文字という意味の「ハングル」と呼ばれるようになった。現代の朝鮮語（韓国語）は十九個の字音と二十一個の母音の、総四十個の音素で構成されている。

朝鮮半島には、二つの朝鮮語（韓国語）が発展している。五十四余年間、離れて暮らすなかで、韓国と北朝鮮は言語に注目すべき差異点が生じてきた。韓国では語彙に多くの借用語が入っており、そのなかの大部分は英語から来たものである。北朝鮮では日本語、英語、中国語などを含む外国語を追放する作業が行われた。そのなかで、中国語が七〇パーセントを占めている。現代朝鮮語の語彙的特徴を研究するロシアの専門家たちは国際学術大会に参加して、言語領域で南北が協力する政策を行うよう提案したこともあった。

プリコフスキー全権大使と交わした対話の中で、金正日は次のような話をしたことがあった。

「北朝鮮の言葉は、韓国の言葉との間に多くの差異がある。金大中大統領との対話において、私は彼の話を八〇パーセント程度だけ理解することができた。韓国の言葉には英語から借りてきたものが多い。北朝鮮を訪問した韓国記者たちは母国語の正しい綴り方は北朝鮮に保存されている」と述べている。

全世界百五十国余りで、韓国語は勉強されている。ロシアで朝鮮学はモスクワ、サンクト・ペテルブルク、ウラジオストクで研究されている。

二〇〇〇年に、極東国立大学は韓国学（朝鮮学）百周年記念行事を開催したことがある。二〇世紀初めに、ウラジオストクではロシアでは最初で唯一の朝鮮学科が設置されたのであり、一九三九年まで持続されたが、その後廃止された。

極東国立大学における朝鮮研究は一九七五年から再開され、金日成大学から多くの資料を受け取った。学生たちは北朝鮮の新聞と雑誌を持って読む練習を行っている。この時期、ウラジオストクでは韓国語で作られた文学教科書を見つけることができなかった。先生たちは自筆でノートを作り、小型オフセット印刷機で複写して使用した。一九九〇年代に入って、北朝鮮と教育・科学分野の接触が中断されたが、二〇〇二年秋に極東国立大学と金日成大学との間に、協力に関する合意書が署名されて以後、再び事情が良くなった。二〇〇三年この合意書に基づき、十七名の北朝鮮専門家たちが極東国立大学の研修生としてロシア語と自然科学分野を勉強した。

この頃、極東国立大学は教育分野で、韓国の高等教育機関と友好的関係を結んでいる。ブラジミル・クリロプ極東国立大学総長は韓国企業の高合グループの支援を受けて単科大学を設置した。現代的技術と設備を導入する費用として、二百三十万ドルの支援を受けて、極東国立大学のなかに韓国学大学を設置した。三十年

2000 年の南北朝鮮の首脳会談・金正日書記と金大中韓国大統領

前に、サンクト・ペテルブルクで朝鮮語を学んだブラジミル・ベルホルヤクがこの単科大学を率いている。韓国の「大韓毎日」新聞によれば、一九九八年ベルホリャクは最高の外国人韓国学の学者として選ばれた。ベルホリャクは彼の同僚と共に、韓国語教材を作った。この大学の先生たちは教科書と辞典のインターネット版を作っている。このような学術作業は二〇〇〇年と二〇〇一年北京とソウルでそれぞれ開催された国際言語学学会で、北朝鮮、韓国、中国、米国および日本の言語学者たちから高い評価を受けた。

ロシアにおける朝鮮語の学習に関する関心は、絶えず高くなっている。朝鮮半島の現在の状況、南北朝鮮間の積極的な対話の努力、ロシアと南北朝鮮間の協力拡大、事業家たちの関心に加えて、極東地域ロシア人たちの朝鮮半島に対する関心を考慮すると、朝鮮語を学習するロシア人たちの数は、今後の十年間に持続的にふえるものと見られる。朝鮮語を学ぼうとする人々はロシアの事業家たち、専門官僚たち、記者たち、官吏たち、法律家など多様な階層に至る。

平壌で私は、掌の大きさのロシア・朝鮮語辞典を辛うじて見つけ出した。この辞典は、一千余個程度の語彙が収録されており、一九八四年に出版されたものである。朝鮮語・ロシア語辞典の需要はとても多いので、これは、ロシアを訪問する朝鮮人（韓国人）にとって大変緊要なものになるであろう。統計によれば、毎年一万余名の北朝鮮人がロシアを訪問し、そのなかで、二千余名程度がウラジオストクを訪問する。現在、状況を勘案すれば、辞典が出版されれば、ロシアばかりではなく、北朝鮮でもかなり多くの人が求めることは確実である。

第十四章　金正日を真似るのは難しい

普賢寺は北朝鮮の西方の地方の大きな仏教寺刹で、十一世紀初頭の建築術で建てられた。北朝鮮には、三百六十余の仏教寺刹があって、その中の三十余が妙香山の渓谷に置かれていた。朝鮮戦争当時、その半分以上の寺刹が米軍の空襲で完全に破壊された。しかし、普賢寺はほかの寺刹とは異なり、運良く再建築することができたのである。

晴れた日に、我々は普賢寺の前にある古い門を通り過ぎたが、この門は、汚い物を浄化する役割を果たすのであり、苦痛から人間を自由にしてくれる門であると言われた。我々は世俗の四つの苦痛を象徴する門の前で暫く留まった。まるでアトラス（ゼウスの命により、天を二つの肩に担ぐ罰を受ける巨人）のように、東西南北を擬人化した巨大な絵が数世紀の間に、血の騒ぐ世俗的な熱情から超然としたまま、千年間、無心にそこを守ってきた。その前に立つと、時間の流れが全く異なるように感じられた。

二十五年間、普賢寺で俗世と離れて、修道をしてきたお坊さんから静かさと智慧を感じ取ることができた。一日に三千拝を挙げることは彼を痩せさせるほど、体を疲れさせるけれども、仏様との交際は彼の霊魂を平和と善と理解で満たすように感じられた。

「仏様は、何時になったら朝鮮の統一が行われるとおっしゃっていますか?」

私はお坊さんに対し、愚かな質問をした。

「仏様は日時を予測致しません。しかし、確実なことは、それを望む人が多く集れば集るほど、そして、その仕事に向って進む人が多ければ多いほど、すべての国民が望む尊い時期がより早く近づくでしょう」。

色々な紙幣でいっぱいになった透明なプラスチック奉養函を見ると、仏様がロシアの紙幣も受け取るのか気がかりになった。「受け取りますよ」という答えを聞いてから、ロシアのお金を奉養した。北朝鮮の人々の話によれば、「寺刹が繁栄するように助けてくれれば、その度毎に若くなる」という。そのためかも知れないが、我々が会ったお坊さんは七十歳だったが、四十歳ほどにしか見えなかった。

寺刹のなかには、樹齢四百年にもなる大きな銀杏の木があった。砲弾が木の上に落ちて枝が傷つけられた木だった。古い巨木は甚だ激しい衝撃を受けて、枯れてしまう可能性もあったが、鉄骨を組み立てて四方からこの巨木を支えてやった。

今は、大きな枝の影の中に入っていけば、涼しさと静けさを感じることができた。

近所に、角ごとに鐘がぶら下がっている八角十三石塔があった。残念ながら風が吹かなかったので、鐘の音を聞くことはできなかった。鐘の音が鳴るときに願い事をすると、その願いは必ず天に届き、叶うと言っていた。

「あまりがっかりしないでください」、と人々は私に言った。

「この次には必ず、風が吹くときに普賢寺にご案内致します」

また、もう一つのことが我々の視線を引いた。大雄殿で仏様の仏像を観覧していた日本人観光客たちの間に、小泉純一郎総理が立っていた。一人の男子が階段を下りながら、「小泉総理だ」、と叫んだときに、我々も、二〇〇二年に平壌で金正日に会った小泉総理に似た人物を見るために、その方向へ行った。平均以上の身長に、真面目でやや痩せ型の彼は、初めは腑に落ちない顔つきをしていたが、ヘアスタイルが小泉総理と非常に似ているということを聞いて、大笑いをした。

以前、急に北朝鮮を訪問した時に、プリコフスキー全権大使と非常に似ているロシア将校に、特別の接待を受けたことを思い出した。二〇〇一年二月、百花園招待所でのことだった。プリコフスキー全権大使は休みをとるために、夕方、早めに仕事を終えた。次の日、金正日との会談が予定されていたからである。

彼の宿所には、ビリヤード台が設置されていた。夕食後、我々使節団のなかで、四名の男子が試合をすることにした。その中にはロシア警備隊の将校がいた。試合をする前に、北朝鮮のウェイターたちがビールと色々なつまみを運んできた。彼らは警備隊の将校にサービスする際に彼の顔を見て驚いた。

彼は、金髪で肩幅が広く、一八〇センチ以上の長身だった。彼は正確で急がない動きと、鋭い目つきを持っていた。それ以前にも、幾人かの人は彼が全権大使と非常に似ていると話したことがあった。二人の北朝鮮ウェイターは彼を時々見ており、彼を大統領の全権大使と勘違いしているようだった。そのお陰で我々は、特別な接待を受けることができたのである。

しかしウェイターたちは、このロシア将校が、本当に特異な人物であるという事実には気づかなかった。彼は、ソ連共産党中央委員会総書記であったゴルバチョフ・エールチン初代大統領、ボイテフ・ヤルセルスキ・ポランド大統領など有名な政治指導者たちに随行したことのあるベテラン・警備将校だったのである。

一九八四年に、彼は汽車に乗ってモスクワに向っていた金日成の警護を受け持ったハバロスク警護隊に勤務していた。この将校が保管しているアルバムには、一番初めの列に金日成、後ろの二列目には、彼が警護員たちと一緒に並んで撮影した、白黒の記念写真があった。彼は二〇〇一年八月、金正日が初めてのロシア訪問を終わろうとした時に、この貴重な写真を彼に見せてあげた。ウェイターたちがこのロシア警備隊将校に特別な接待をしたのは、ひょっとしたら当然のことであったかもしれない。

金正日に似ている人もいるだろうか？ 多くの専門家たちは、一つの事実に同意している。「金正日に似ている人は誰もいない。だから彼を真似て行動することは大変難しい。」

実際に、金正日は特異で、彼を真似るのは容易なことでないように思える。東方特別列車に同乗し、多くの時間、金正日を近くで見守った私の結論である。いつか韓国で金正日と似ている人が発見されたという話を聞いたことがある。韓国人たちはこの人に敬意を表示し、食堂で無料で食べ物を提供し、ソウルのある娯楽室においては二十四時間思い切り楽しめる招待券をあげたという。その話が事実なのか、また、彼が本当に金正日と似ていたのかは、確認する術がないのだが。

第十五章　巨大な世界文化展示場、国際親善展覧館

北朝鮮を訪問する人々は、しばしば全世界の立派な巨匠たちが作った作品を整然と陳列している妙香山国際親善展覧館を訪ねることになる。金で造った記念品、象牙で造った複雑で精巧な彫刻像、応用芸術作品、食器、家具、歴史的な遺物などが多様な国と民族の文化と伝統と慣習を生き生きと示している。

展示館は伝統様式によって建てられた二つの建物で構成されている。金日成の遺物が保管されている建物は六階からなるもので、二万八千平米程度の大きさである。この記念碑的な建物は中央のホールが鉱石で造られて、まるで細密な芸術のように見える。まるまるとしたエメラルド色の煉瓦屋根が視線を引く。その美しさと雄大さに感嘆した旅行客が観覧した後、暫く休憩するのは、上の方にある広場で、優雅な四角柱の壁画と鮮明なつつじ、木蓮、および金正日花などが目に入って来る。

一九四五年以後、北朝鮮の永遠な主席である金日成と、今日の指導者である金正日は百八十余国から二十七万余点のお土産を受けている。最も眼を引くお土産は旧ソ連指導者スターリンが金日成に贈ったものである。スターリンは金日成に、当時最も大きくて、重さが六〇トンに達する青銅旅客列車をお土産に贈っている。強い鋼鉄で鋳造したスターリンの客車は毛沢東などが贈り物にした客車と連結されて、一緒

に展示されていた。中国の客車はソ連の客車より小さいけれども、外部の装飾と鉄製の象嵌《ぞうがん》の面では優れていた。

現ロシア大統領であるプーチンの贈り物は、スターリンの贈り物に比べれば、粗末であった。プーチンは金正日に狩用の小銃数丁と記念品を贈り物にした。プーチンが金正日の誕生日に際し、贈り物として、競走用馬であるオルロプ駿馬を贈ったことがあるのを思い出し、「どこにあるのか」を尋ねたが、それには誰も答えられなかった。

ジミー・カーター元米国大統領と元マデレーン・オルブライト国務長官のお土産は単純に見えた。四角のクリスタイル・装飾瓶であったが、我々がお茶に入れて食べる蜂蜜やジャムを入れておく桶のようなものと似ていた。

展示場には、韓国から来た多様な記念の贈り物も見えた。韓国と北朝鮮の対峙情況にも拘わらず、北朝鮮を訪問した韓国の人々は金日成と金正日に、同じ国の指導者として尊敬の意を表示したように見えた。特に、現代グループは金日成に自分たちが生産した最高の乗用車を贈り物にしていた。

日本人画家たちが描いた金日成の肖像画も記憶に残っている。その肖像画に画かれた金日成は常に魅力的な微笑を浮かべていて、「世界第一の微笑」と、北朝鮮側関係者たちは話した。日本の巨匠たちが造った金日成の特異な蜜蝋人形も見られたが、スコットランド・エディンバラの有名な画廊にあるアダム・スミス、コナン・ドイル、エディンバラ公・フィリップなどの模型と一緒に展示されていた。

案内員によれば、展覧館の一つの展示品を一分ずつ見ても、すべての物を全部見ようとすれば、夜昼なしに休まず三年はかかるだろう、と話した。誰もこの記録に、敢えて挑戦しようとは考えないので、反駁することはできないであろう。

第十六章　朝鮮戦争の秘密文書を公開する

ロシアと北朝鮮間の外交史には、最近、極秘から解除・公開された興味深い文書がある。旧ソ連の国家機密のなかで、一九五〇年〜一九五三年の間の朝鮮戦争当時に、参戦した飛行士たちの話が著しく目立つ。ロシア出身中国飛行士であるシャオ・リンは、朝鮮戦争における戦闘と秘密文書に対する生々しい話を聞かせてくれた。

シャオ・リンは、大きな背と真っ直ぐの姿勢を持つ七十四才の、朝鮮戦争参戦軍人の老人である。彼は、当時の情況を今も生々しく記憶していた。現在は、退役空軍大佐として、チュウリン・セルゲイ・チモイェービチというロシア名を持っている。彼との出会いは、二〇〇三年春、ウラジオストクで行われた。彼は北朝鮮地域で、半世紀前に、戦闘飛行士として戦った人の一人であった。中国と北朝鮮の国境から遠くないところにあった中国地方都市の空軍基地から、自らのミグ－15機を飛ばして朝鮮半島の上空を飛行した。

ロシアの国防省記録には次のように記録されている。

「チュウリン・セルゲイ・チモイェービチ大尉、九一三戦闘飛行団の上級操縦士で一九二七年生、一九四七年十月以後はソ連共産党員、ロシア人、一九四五年七月十六日からソ連軍に服務。「ソ連陸海軍三十周年」勲章授与。一九五二年七月から政府派遣勤務で能力ある操縦士であることを証明。ミグ15機を立派に操縦する。戦争期間、飛行士として百余回の戦闘飛行を遂行し、二十六回の空中戦闘を行う。空中戦闘で自分の上官であるアセイェフ大尉を救い、敵機一機を撃遂し、敵機一機に致命的な被害を与えたのである。一九五三年二月十九日の空中戦闘で、敵機が彼の上官を攻撃する。チュウリン大尉は勇敢に上級者に対する攻撃を撃退してその生命を救った。一九五三年五月二十三日、チュウリン大尉は着陸中に、敵軍のF－86機によって攻撃を受ける。この空中戦で、彼は忍耐と沈着性と低空によって、優れた飛行機操縦術の模範を示した。彼を撃墜しようとしたF－86機のすべての努力は失敗に終わった。」

一九五四年六月四日付、賞勳目録にある布告令には、チュウリン・セルゲイ・チモイェービチが「赤い星」勲章を授与されたと記録されている。チュウリンは半世紀前、朝鮮戦争の時のはらはらした経験を打ち明けた。

一九四九年士官学校を終えた私は、沿海州に配置され、防空戦闘飛行団所属としてスパッスクで服務するようになった。一九五〇年六月二十五日、我々飛行団は朝鮮半島で、南北朝鮮間で戦争が勃発したニュースを聞いて戦慄した。その日から我々は、夜昼なしに、ソ連と中国の国境に対する航空偵察活動を開始した。そして、直ぐ新型ミグ15機を備えた三〇三航空戦闘飛行団補充隊が到着した。

朝鮮半島で過酷な戦闘が進行されていた一九五二年夏、モスクワから一団の将軍たちが我が部隊に到着した。我々は、帝国主義に対抗して戦う北朝鮮人民を助ける責任を完遂しなければならない、という通報を受けた。我々は、練兵場に堵列していた。我々に伝えられた命令は、簡単明瞭であった。まず、任務に同意する人は自発的に前に出るように、ということであった。ほとんどすべての部隊員がそれに応じたが、幾人かは席にそのまま残っていた。その時に、そのまま残っていた人々の運命については、その後何も聞いたことがない。我々は、直ぐ、一年と十日の長い服務に入った。

我々は、スパッスクから国境地域の鉄道駅に到着した。そこには、中国の輸送列車が待機していた。我々は、中国の軍服と毛沢東などの上着のように裁断されたカーキ色のジャケット、濃い青色のズボンと濃い褐色の軍靴、そして、拳銃の支給を受けた。ソ連の軍服と書類は預けられた。すべての人々に、証明書で確認された中国の名前が付けられたのであり、このようにして、私も、シャオ・リンという名前をもらうことになった。

輸送列車は、グロデコボ地域から国境を横切って、我々を中国に運んで行った。北中国の国境近所の空港では、北朝鮮国家の表示がついたミグ機が我々を迎えた。緊張した一ヵ月間の飛行訓練と中国の現地適応が終わるや、命令が下された。これから戦闘に参戦するのである。

我々には、丹東《たんとう》（中国の遼寧省の都市：訳者）地方の大型発電所、そして中国と北朝鮮をつなげる鴨緑《おうりょ》江《こう》の長い鉄道を掩護《えんご》する任務が下された。この鉄道を通じて、ソ連から北朝鮮へ戦略物資の供給が行われていた。ソ連操縦士たちによって統制されたこの場所を、米軍は「ミグ機の谷」と呼んでいた。ここの橋と発電所は、彼らが爆撃すべき重要な標的であったために、激烈な戦闘が絶えず行われた。

朝鮮戦争初期に、操縦士たちには飛行中にロシア語の使用が禁止されていた。彼らは平板に朝鮮語の単語や表現をロシア語文字で書いたものを利用して互いに連絡をとったり、危険を警告したのである。

平板は左側の膝に固定されていた。もしこの命令がそのまま履行されたならば、多くの軍人が朝鮮半島で戦死した筈である。戦闘はあっという間に行われるものであるので、操縦士たちは、空中で、この「カンニング・ペーパー」のことを忘れて、簡単であるが表現が豊富なロシア語で叫ぶのが常であった。我々の飛行中隊が参加する頃になってから、朝鮮語の単語と表現を使用するようにした話にもならない命令は撤回された。

当時、ソ連操縦士たちは、三十八度線以南や西海上への飛行は禁止されていた。これは撃墜されて、敵軍の捕虜にならないようにするためであった。ある時は、発電所と橋を攻撃する米軍機を追撃したことがあったが、米軍機は我々の命令を知っているがために、直ぐ海の方へ逃げたために、ソ連機は戻らざるを得なかった。そうなると、情況が逆転されて米軍機が我々の後を追ってきた。

米軍操縦士はピストン式飛行機で戦闘を遂行しているが、ソ連のジェット・ミグ機に比べると、速度と装備面ではかなり遅れていた。我々は火砲三台に三十七ミリメートルと二十三ミリメートル口径が装着されていた。これは、一回の撃発で同時に一斉射撃を加えることができるものである。もし弾丸が敵機に命中すれば、敵機は粉ごなになった。当時、我々の飛行機の損失は十機に一機の比率であったが、我々が米国の飛行機を十機撃墜すれば、彼らは我々の飛行機を一機程度撃墜した。

空中戦では、両側から数百機の戦闘機が衝突することもあった。空中での戦闘は信じられないほど熾烈であった。戦闘機は地上から一万五〇〇〇メートル上空に至るまで追ったり、追われたりという追撃戦が展開された。韓国からは、米軍の精鋭操縦士が戦闘を遂行した。彼らは、立派で勇敢な戦闘飛行士たちであった。しかし、ピストン式戦闘機を持っては、敗戦を繰り返す外なかった。やがて、ジェットの「セイバー機」が投入された。セイバー機が朝鮮半島に投入されるや、米軍機の損失が減り始め、ソ連機一機に米軍機二機の比率で撃墜された。

ミグ機が持つ高度の戦略、技術的特徴は、敵軍にして、この戦闘機を手に入れたい欲を引き起こした。米軍は、十万ドルの賞金を掛けてミグ機に乗って来る飛行士に支給するというチラシを散布した。暫くのちには、補償金は百万ドルに引き上げられた。しかし、彼らは我々の戦闘機を手に入れられなかった。ソ連操縦士たちが誓いを守ったのである。反対に、我々が米軍のセイバー機を手に入れた。私の同僚がセイバー機に損傷を与えて、我らの地域に着陸させたのである。

米軍操縦士たちは百回の戦闘飛行をするという契約を結んだ。彼らがミグ機を撃墜すれば、十回の戦闘飛行をしたものとして計算され、巨額の補償金が与えられた。私は、米軍操縦士の中で、我々との戦闘で誰が最高の戦果をあげたのかを知らないが、我々のなかで、最高の戦果をあげた操縦士は米軍機を二十三機も撃墜した。そして、二十機の敵機を撃墜させた操縦士がその後を追っていた。

米軍操縦士たちは自らの飛行機にかなり変な絵を描いていた。ある時、セイバー機の攻撃を受けたことがあった。私を攻撃する戦闘機の下部に、舌を突き出している裸の女性像が描かれていた。元々、我々はヒトラーに対抗して連合軍として参戦した米軍には紳士的に接していた。しかし、彼らが銃弾もなく、火器も備えてないままに着陸するミグ機を攻撃したり、落下傘に乗って脱出する操縦士たちに機関銃射撃を加えた時から、彼らは我々の真の敵軍になったのである。

私が同僚と共に組んで、戦闘任務を終えて帰って来る最中であった。すでに砲火も閉めて、着陸の準備をしていた時であった。突然、雲の後ろからセイバー二機が攻撃を加えてきた。彼らは、滑走路近くに到達した私の同僚の戦闘機を撃墜した。その後、その米軍機一機は横に寄せていき、もう一機が私を攻撃してきた。すでに着陸ギアが入って私のミグ－15機は、それこそ袋のネズミであった。

私は素早く着陸ギアを飛行機の中に折りたたみ、機首を変えて後、ジェット・推進器で全速力を出して高度をあげた。そして、戦闘機を垂直降下して、ほとんど地上まで降りた後、再び最大に高度を上げて米軍機がとても追撃できないようにした。強力な圧力を感じながら、私は全力を尽くして反撃をした。両側ですでに高射砲を照準していた。射撃が激烈になって、誰が先に撃墜されるか分からなかった。

米軍機は地上二百余メートル上空から私を追撃し始めた。三〇〇〇メートル上空に登ってようやく敵機を離すことができた。私はほとんど生気を失い、燃料が尽きたという非常灯がついていた。私は息をしているだけで、死んでいるのと変りがなかった。ようやく着陸はしたが、外に出られないほど、気力が落ちていたのである。同僚たちの腕に引っ張られて、やっと操縦席から出られたほどである。

このような極度の圧力を中国や北朝鮮の操縦士たちは克服することができなかった。何よりも彼らは、良く食べられず、ソ連操縦士よりも弱体であった。彼らは空中戦で、敵軍を離すための高空操縦術を実行する力がなくて、操縦戦闘で負けていた。ソ連の専門家たちは毛沢東に、操縦士たちによく食べさせなければならない、と述べたことがある。

偉大な指導者同志は中国には物資がなくて彼自身も少ししか食べられないと答えた。ソ連の軍事専門家たちは、彼が圧力のない地上にだけいるので、上空における圧力を知らないことを察知した。操縦士たちは毎日上空へ離陸するが、食べられない操縦士たちはそのまま死亡し、戦闘機を失っていた。したがって、操縦士たちはカロリーの高い食べ物を摂取しなければならないのである。

我々はスターリンよりも良く食べた。昼食は二回に亘って飽食したのであり、夜には豚肉やアヒル肉が中国式に料理されて食卓に載っていた。ソ連操縦士たちは、少なくない給料として、一ヵ月に中国貨四百万を貰った。百万持っていれば、私服を買うことができた。当時、ソ連では、このような私服を着るのは贅沢であると見られていた。

我々は、中国の小都市にある旧満州皇帝の宮殿に泊まっていた。宮殿の中には、水泳場があり、安楽な休憩がとれるすべての施設か揃っていた。しかし、休憩をとる時間はほとんどなく、我々は大部分の時間を上空で過ごさねばならなかった。ある時には、二十四時間の間に、五～六回の空中戦を展開しなければならない時もあった。

大変稀にあることではあるが、飛行がない日には、我々は中国に住んでいたロシア人移民者の娘を欲情に満ちた視線で見つめていた。ロシア女性たちは、ショート・パンツにブラウスを着て、魅力的な肩を露出したまま町を歩き回っていた。しかし、我々が休む時には弾丸桶に巻かれた大きなモーゼル銃を持った中国軍人が常に一緒にいた。もし女子を求める誰かが「女子が要る?」、という話を言い出すと、中国軍人たちが直ぐ追い出してしまったのである。

我々が最も嫌がった特任防諜隊員たちは操縦士たちの道徳性を厳しく要求した。彼らは我々の誰かが、女性に幻惑されるとか、世俗的な生活に陥って、敵のスパイになるのを警戒していた。

すべての事に警戒措置が取られており、甚だしくは、お手洗いに行くときにも、武装した三人の警備員が操縦士と同行したのである。ソ連と中国の飛行中隊は直ぐ隣りに駐屯していたが、両国間の操縦士たちが交際することも禁止されていた。任務遂行を終わった時に、我々は、ソ連の勲章ばかりではなく、中国の勲章も一緒に貰ったのである。

第十七章　岩魚が踊る絵のなかの女性

飛び立つ鶴の村という意味の名を持つある村は、平壌から開城へ行く道の中間あたりに置かれている。この村にある養殖場に行く際に、長壽の象徴として知られている鶴が十羽余り飛び立つのを見た。幹線道路を抜け出ていくとアスファルト道路がなくなり、非舗装道路が出てきた。三十余分ほど、高いコンクリート壁に覆われた迷路にさ迷った。

登り坂を登りきって見ると、土塀《どべい》越しに、人々が集まって暮らしている農場が見えた。中のほうに仮建築物のような一階の建物があったが、小さい道がそこに繋がっていた。農場の前に立てられていた花崗石の近所に暫く留まった。二〇〇一年七月十一日、金正日がこの農場を訪問した時に述べた語録が刻まれていた。近所に観覧客のための朝鮮式亭《あずまや》があった。

そこから見下ろす風景がなかなか素晴らしかった。二十個余りの小さい池の水面には、空の綿雲がふわふわと浮かんでいた。二〇ヘクタールほどの大きさの直角四角形の池の間に、小道ができていた。養殖場には、百二十余名の労働者が作業をしていたが、コイと岩魚《いわな》を養殖していた。岩魚の群れが一番多かったが、三万匹以上もあった。養殖場の長さは、凡そ、三キロメートルに達した。この養殖場では、一年に五〇トン程度の岩魚を生産するという。

池の間には、垣根が作られ、人間の背ほど高い草地があった。ここで採れるカボチャはすでに収穫が終わったが、このようなカボチャ類はこの協同農場で育てる豚、鴨、鵞鳥の飼料として使われている。飼料桶を持った若い女性が近寄ったが、彼女は養殖場の裏に大きく立てられている、魚に餌を投げかける絵のなかの人物と面影が非常に良く似ていた。驚いたことに、この娘は孫氏という姓を持つカンバスに描かれた、まさにその主人公であった。

金正日がこの農場を訪問した時に、この娘は岩魚に餌を撒いていた。養殖場を見せてあげた後、関係者たちは金正日に岩魚をどのように養殖するのかを、実際に見せることにした。彼女は、餌を投げ始めていた。ところが、魚二、三匹が水面上に頭を出しては、再び水のなかに戻ってしまうので、娘は当惑したが、親愛なる指導者同志はこの娘をいたわって安心させた。彼らは岩魚が飛び上がる姿を見るために、五時間四十分も待たねばならなかった。

一人の画家が、この事実を誇張して、岩魚が池で泳ぎながら、楽しく「踊る」姿を画幅に描く事にした。ロシアではこのようなことは、「社会主義リアリズム」と言われる。絵画と文学を含めた多様な芸術分野で、社会主義リアリズムのジャンルに属する作品たちこそ、完璧なクラシック作品であると、人々は考えている。

お客を手厚くもてなす主人が、魚スープを味わうためには、時間があまりないと急がせた。我々は、まだ朝早い時間であったので、怠ける魚に劣らず、我々もまだ準備ができてないと冗談を投げかけた。

第十八章　野生の虎は消えてしまったのか

サルは、生まれつきの曲芸師である。しかし、ゴリラの曲芸を見たのは平壌動物園で「サイセン」というあだ名を持つゴリラが初めてである。サイセンは丸い横木の上に登り、前に転がす妙技をはじめ、さまざまな体操の技を見せてくれた。空地に飛び上がり、後ろに向かって回転する演技は大きな拍手を受けた。ゴリラは、百キログラムに近い大きな体にも拘らず、この難しい動作を極めて軽くやりのけた。彼は、しかめ面一つ見せずに、非常に真摯に演じていた。

平壌の動物園は、特に子供たちが好むところである。子供たちは、我々の左右を回りながら、我々一行のカメラの前で絶えずポーズを取ってくれた。平壌動物園は面積が三百平米程もあって、世界で最も広い動物園の一つである。動物園には、四百余種四千余頭の動物が住んでいる。奇奇怪怪な魚が泳ぐ巨大な水族館は毎週水を取りかえているが、一回かえるのに、新鮮な海水の量が五〇立方メートルも必要であるという。

鹿、雉、クジャク、象、チンパンジー、蛇、鳥などは、野生で放し飼いされていた。科学研究センターがある動物敷設学校で教育を受けた畜産学者たちがこの動物を世話する。公休日になれば、この動物園に四万人の観覧客が詰めかけた。

動物のなかで、何よりも我々の関心を引いたのは縞模様の虎であった。ロシアでは、この虎たちを「アムールの虎」と呼び、北朝鮮では「朝鮮産の虎」と呼ばれた。三十年以上も怖がらずに、虎の巣を出入した飼育者は雌虎がすでに六頭の子虎を産んだと言う。子虎は皆、他の国の動物園へ贈られた。

過去、虎はロシア、中国、朝鮮の国境地帯に広がって暮らしていた。豹、鹿、猪たちも、三つの国の国境を自由に出入りしていた。このころはまさに、野生動物の天国であった時期である。沿海州と朝鮮を訪問した有名なロシア人学者ニコライ・プルジェバルスキーが十九世紀半ば頃に書いた書物を見ると、その時節では野生動物の姿をしばしば見ることができたのである。有刺鉄条網を張りまわした国境は猛獣たちが移動するのに対し、かなりの障碍になっている。虎をはじめ北東タイガー地域に棲息するすべての動植物を脅かす最も大きな脅威は無慈悲に圧迫してくる文明化過程である。一九三〇年代だけでも、地球上には、十万頭程度の虎が棲息していた。しかし、現在、全世界に住んでいる虎は全部合わせて見ても、七〜八千頭程度にしかならない。シホテアリニ山脈には、現在三百〜四百頭程度の虎しか残っていない。

百年前にしても、沿海州、満州、北朝鮮の居住民たちは、村まで降りてきて飼育している動物を奪っていく虎たちを狩りしなければならなかった。沿海州の事業家であり、後に、北朝鮮へ移住した有名な猟師ユリ・ヤンコフスキは朝鮮半島で狩りを多くして、学術価値が高い野獣たちのコレクションを作り、もう一方では、野生の猪や虎たちの攻撃から農夫たちを守った。

今日、虎は朝鮮、中国、ロシアの動物目録から消える危機下に置かれている。専門ブローカーたちは虎の皮と骨を売って、五千~七千ドル程度を稼ぐ。中国人と朝鮮人たちは民間療法にしたがって、耳から尻尾《しっぽ》まで、虎の体全体を使用した。民間療法の伝統を維持するために、中国では虎の農場を作ってもいた。

朝鮮では、虎は霊物である。しかし、野生の虎が朝鮮半島で目撃されたのは一九二二年が最後である。この森のなかの帝王は、本当に沿海州地方と朝鮮人の昔話、または画家の絵のなかや動物園だけに残っているようになったのだろうか?

第十九章　平壌に最初に建てられたロシア聖堂

「私が、なぜハバロフスクの聖堂で、一時間もつづけて鐘の音を聞いていたのかを理解する人は極めて少ない。私は、ロシア人民の心から湧き上がる正教の信心に染まりたかったのである。私は、すでに我が首都の平壌にも、このような聖堂を建てるように、命令を下しました。」

二〇〇三年九月、二十七メートル高さの三位一体の正教会が建てられている北朝鮮の農村地域の建設現場で、私は二〇〇二年八月に金正日が言ったこの言葉を生々しく思い出していた。重さが四トンに達する三つの鐘がロシアで造られており、一年後には北朝鮮の地に、その鐘の音が響き渡るであろう。そして、この聖堂は、五百余名の信徒を収容するであろう。

長い間に、朝鮮の文化と歴史のなかで、重要な役割を果たしてきた宗教は、シャーマニズム、道教、儒教と仏教である。シャーマニズムは人間に関わるすべての現象と事物に霊魂を見出している。数世紀間、それは宗教の中でも最も重要な位置を占めてきた。仏教は中国修道僧たちの助けで、朝鮮半島で四世紀頃から広がり始めた。儒教は朝鮮で道徳と倫理教育の重要なモデルとして受け入れられた。キリスト教はヨーロッパからカトリックが入って来たのであり、米国からプロテスタントなどが入って来た。

ロシアからは正教が入って来た。十九世紀末から二十世紀初頭に、朝鮮半島ではロシアの教会で礼拝がはじまっており、韓国では、今までのロシア教会活動の成果が可視化され、一部の正教会教区が活動している。二〇〇二年夏、ロシア極東地域から戻るや否や、金正日は、「正教委員会」を構成するよう指示した。二〇〇二年九月二十五日、正教委員会が公式的に活動するようになった。我々は、これから建てられる聖堂前の広場で、正教委員会の委員長および副委員長と面談した。彼らが聖堂儀式を学ぶために、すでにある聖堂を訪問していたウラジオストクでの出会いを回想しながら対話を交わした。北朝鮮建築家たちは、正教会建築様式を直接に学ぶために、モスクワを訪問したこともあった。

平壌に建てられる聖堂の模型は実に美しいものであった。数百余個のロシア聖堂に似かよっていたが、教会全体を取り巻く朝鮮的な匂いがこの聖堂に一層特別な美しさを加えている。二〇〇三年六月二十四日、三位一体の聖堂の起工式が荘厳に進行された。第一番目の礎石は、モスクワから訪れたキリル一世大主教が奉献した。「モスクワにいるロシア大主教が朝鮮半島の状況を注意深く観察しており、三位一体の聖堂の建設は北朝鮮・ロシア間の数世紀にわたる宗教的紐帯を反映するものと見なしている」、という挨拶を伝達した。

現在、四名の北朝鮮学生がモスクワ正教修道院で勉強しており、ロシア正教学生たちは、朝鮮語を学びながら金日成大学で研修している。現在、聖堂建築は三分の一程度が完成されている。北朝鮮人たちの勤勉さはよく知っているが、二〇〇四年聖誕節までには完工するという目標は達成し難いように思われた。

憲法によれば、北朝鮮の人々は、宗教の自由を持っている。しかし、実際に半世紀間無神論を宣伝してきた。今日、北朝鮮住民たちは指導者のお陰で正教に帰依《きえ》することができた。北朝鮮で初めての正教聖堂が、三位一体聖堂になるという事実は、象徴的な意味がある。聖人として、ロシアの守護者であるセルゲイ・ラドネスキーがロシアに最初の三位一体修道院を建てたことがある。統合と合意を象徴する三位一体の聖堂は朝鮮半島の守護者になるであろうし、宗教的側面から南北統合に寄与するものと思われる。

第二十章　金正日から送られた高麗人参

八百余年前、高麗王朝の首都であった開城には、百万程度の人口が住んでいた。続く戦争で開城はその基盤が完全に破壊された。二十万人の人口を持つ現在の都市の姿が形成されたのは、広い大路と高層建物のお陰である。中央大路に隣接した旧都市の姿と独特な高麗の建築術で造られた記念碑が異国的な情趣を呼び起こす。

都市全体が博物館であるロシアのスズタリやノルウェーのプリトウェンと比較すれば、開城の博物館はその雄大さについてはいくらか弱まる。十個の単層建物の周囲に、長さ三百余メートル、幅五十余メートルの広場があった。その中に、カフェ、記念品売り場と旅行客のための施設などが備わっていた。我々が到着した時に、この特別広場に二台の自動車が停まっていたが、乗客たちが車に乗るや否や出発した。しかし、我々は古代歴史に魅かれて、そこに残っていた。

開城の牧歌的な風景は、実に童話の世界のようであった。すべての物が、まるで映画を撮るための、特別に造られたもののように見えた。開城を二つの地域に分けて流れている小さい入江も自然そのままであった。小さい入江は石だらけの底を波打って流れていた。山中の源泉にだけありそうな、信じられないほど透明で奇麗な水が美しい灰色の石の上を流れていた。

頭を反らして建物の瓦屋根を見あげた。飛び出すような曲がった軒先《のきさき》が、まるで幻想的な鳥の翼の形に似かよっていた。伝統的な朝鮮建築においては、造形美の点から、屋根は常に重視されてきた。これによって、多くの場合に、建築物は異国的情趣と共に、同じようには造れない形相を持っていた。横木に塗られた、華やかで多様な色彩も人の目を引いた。これは、木が腐るのを防止してくれるのであり、迷信によれば、悪霊を追い出すと言われる。

平壌を訪問した著者

敷居を踏めば、災いを招くことになるとして、部屋の中に入ったら、用心深く敷居を越えた。門の前に簾《すだれ》がかかった隣りの部屋で、我々は朝鮮の風習に従って、伝統的な食べ物を味わった。伝統衣装を着た北朝鮮の娘たちが食卓を運んできた。食卓にはおかずを入れた漆の容器と銀箸、鍍金《めっき》した茶碗などが置かれていた。

私は、くつろぐ姿勢で座るために、暫くの間苦労をしなければならなかった。はじめはヨーガのような姿勢をとった。その内に、膝を顎に支えて、重さのバランスを取るために左腕で足を覆いかぶせた。跪《ひざまず》いて座ることも試みたが長く耐えることはできなかった。やがて私は、食卓に太ももをぴったり寄り添わせて座る変な姿勢を取らざるを得なくなった。

若い女性が香りのない透明な液体を、とても小さい杯に注いできた。あの有名な「高麗人参酒」であった。二十度から二十五度程度のウオッカの味であった。副菜としては、唐辛子を沢山入れて味を出したキュウリ・キムチ、ワラビ・ナムル、キムチ、漢方剤に胡椒《こしょう》をつけたキャベツ、醤油、肉甫（月甫）と呼ばれる薄く切った乾肉、塩付けした魚、蒸した芋などが出てきた。最後にご飯が運ばれた。

私は、朝鮮人たちが好む食べものである、北朝鮮式の「市場ソーメン」を食べたが、実に、感嘆詞が思わず湧いて来た。ソーメンは小麦粉、蕎麦粉、ジャガイモ、またはトウモロコシ（玉蜀黍）で造る。ロシアの麺類やイタリアのスパゲッティに似た麺の塊を肉のスープのなかに入れて食べる。肉のスープを作る時に、最も手に入り難い肉は雉肉である。その次ぎは牛肉と鶏肉である。私は、食道楽家ではないので、我々が食べたスープに雉肉が入ったのか、あるいは鶏肉が入ったのかは分からないが、確かなことはその麺類が美味しがったことである。

古都開城で民俗飲食を味わいながら、沿海州で活動する高麗人の詩人であるライサ・モロスの優れた詩を思い出した。ソ連の治下で高麗人の不幸な運命にも拘わらず、高麗人たちが民俗飲食を貴重に保存しようと努力した思いをしのんだ。この詩は朝鮮的な生き方に対する感傷的な感じを比喩的に良く伝えてくれる。

「十一月にキムチを準備する頃になると、
水溜まりには薄くて壊れやすい、薄氷が凍る、
庭に白菜が積みあげられ、
白菜を撫でた母が、それを桶に入れると、
私は目を刺すような唐辛子とニンニクを混ぜるのである。
顔には、感じの良い手ぬぐいを目まで覆いかぶって、」

食事が終わった後、観光地をゆっくりと回りながら出口の方へ向かった。外では、現在、開城の人々が暮らしている様子が再現されている。ソ連共産党員たちが通り過ぎ、自転車に乗った大人が眼に入り、交差路では無数のトラックが全速力で方向を変えており、街の市場では冷飲料を売買する声が活気よく聞えてきた。私が、この都市の日常を写真に取るため前に出ようとしたら、急に警備兵が現われ、大きな鉄門で通路を遮った。私は、ぼんやりと立っていた。警備員は私に手を伸ばして、如何なることもしない様命令した。私は、申し訳ないという身振りをした後、鉄門の隙間で写真を取った。彼らもそれまでは止めなかった。

我々と同行していた北朝鮮人が近寄ってきた。高麗青磁が展示されている開城博物館と開城人参畑へ行って見たいという我々の要請に、次の機会に行こうと述べた。後に、金正日の名前で、我々に贈られたお土産のなかには、薬効が最も優れるという人参畑で栽培された貴重な高麗人参があった。最近の研究に

よれば、開城の高麗人参は特別な薬効によって、抗放射線効果とガン予防効果があり、その効力が長く続くと明らかにされていた。

第二十一章　質素で華やかな平壌の地下鉄

二〇〇一年、ロシアを初めて訪問した当時、金正日はノボシビルスクで、地下鉄駅に行って見たがっていた。彼は、エスカレーターに乗って下に降り、プラット・ホームに沿って歩いて行った。彼は、一九八七年十月に訪問した平壌の地下鉄とロシアの地下鉄とを比較して見たがっていたのである。

平壌の「栄光駅」は、高麗ホテルから一区域距離離れたところにあった。一五〇メートルの長さで、四十五度の角度に設置されたエスカレーターは一〇〇メートル下の地下に乗客を運んでいた。平壌全景が描かれた壁画が地下鉄駅を装飾していた。この壁画は、白バラと薄い紫色と空色を帯びた数万個の草花で構成されていた。大理石の柱が円形の天井を支えており、天井の華やかなクリスタル・シャンデリアは永遠に凍っている花火のようにさえ見えた。

今から三十年前の一九七三年九月五日、平壌に最初の地下鉄駅が建設された。今日、平壌の地下には二つの地下鉄路線がある。本線である「革新」路線には八つの駅があり、「千里馬」路線には九つの駅がある。地下鉄は一日に七万余名の乗客を運んでいる。午前六時から夜十時まで運行される地下鉄は、四台の客車が連結されている。今後、外郭循環路線と平壌近郊の西側の支線の敷設が計画されている。濃い青い制服と帽子を被った女姓たちが地下鉄駅で奉仕している。

我々が、客車の中に入って行くや否や、一瞬静かになった。妙な緊張感すら漂っていて、乗客たちは我々の傍から、できる限り遠く離れようとしていた。三分後、次の停留場である「復興」駅に到着した。復興駅は柱の装飾としてバラおよび大理石で出来ており、駅全体が装飾ガラスで飾られていた。エスカレーターへ向かう通路には、大きな絵画作品が掛かっている。金日成を筆頭に日本占領軍に対抗して戦う独立闘争の瞬間を描いた絵であった。スピーカーからは、愛国心を鼓舞させる行進曲が流れていた。近いうちに、建国五十五周年行事が開かれることになっている。

平壌の地下鉄駅は、フランス、米国、イタリアの駅より遥かに奇麗で華やかであった。ヨーロッパと米国の地下鉄の歴史は、古くて補修もろくにできておらず、汚いゴミだらけである。勿論、パリの地下鉄駅では芳しいフランスの香水の匂いが旅行者を掴むという話になるだろうが。

平壌の地下鉄

第二十二章　北朝鮮特殊部隊を初めて見まわる

北朝鮮の人民軍部隊施設は、ロシア軍とあまり差異がない。入り口に武装警備員が立っており、内には長い並木と良く整理された小さい道がある。軍人クラブ、将校食堂、窓に好奇心に満ちた女子の顔が描かれた四個の五階の宿所、査閲のための練兵場と様々な障碍物が立てられている広い空き地などが含まれている。空き地には二階の高さの空間が空いている空襲防御壁と水溜まりの塹壕、地下バンカー、拳銃と自動小銃の射撃練習のための目標物が立っていた。

ロシア使節団のために、軍司令部のテラスに座席が設けられていた。特殊任務を持つ北朝鮮軍の練習風景がよく見える席であった。一時間余りの間に、軍人たちは百兵術、近距離および長距離からの固定、あるいは移動目標物に対する射撃、空中ジャンプなどの模範演技を見せた。軍事示範が速く進行されて、まるで伝説的なアクション俳優である李少領や聖龍のような、非常によく演出された映画俳優の動作を見るようであった。

初めには、武器を使わずに締めること、および高飛び示範が披露された。多様な姿勢と戦闘準備、敏捷な移動動作、正確で簡潔に逆転したり、着地する動作などの示範が展開された。次ぎに、攻撃者と防御者間に多様な攻撃形態を結合した示範が示された。激闘の形態が次第に複雑になって、軍服を着た軍人たちの激闘の示範で終わりになった。

百兵戦示範は刀とシャベル、または拳銃のような武器を使った。北朝鮮特殊兵は刀や小銃で攻撃するとか、あるいは拳銃で脅かす敵を素手で制圧する示範を示した。また、目標物に正確な銃撃を加えたり、高層壁に砲撃を加えるなどの戦術も見せてくれた。

人民軍部隊で見せてくれたものは、素晴らしい評価を下すだけのものがあった。これは、北朝鮮軍人たちの特殊訓練に対しより深く理解する契機になった。すべての訓練は、軍人たちが自分の力に対する確信と敵軍に対する優越感、そして、数的に優勢な敵軍に対峙して勝利できるという自信感を持つことに焦点を合わせていた。

金正日国防委員長の招請で、北朝鮮を公式訪問したユーリー・ヤクボフ将軍は多くの北朝鮮軍基地を訪問し、特殊軍の訓練を参観した。ヤクボフは米軍や韓国軍の特殊軍が北朝鮮特殊軍と比較できないと考えていた。金正日は、ヤクボフ将軍に「我が軍隊は軍事技術的な側面では、敵軍に遅れているかも知れませんが、士気面ではその誰にも屈服できないほど強い」、と述べた。

北朝鮮における軍人教育は、スパルタ式である。軍人たちは、二階の幕舎で寝ており、枕の代わりに、固い枕木を当てている。ヤクボフ将軍が見たところによれば、韓国の軍人も同様な生活をしているという。北朝鮮軍人は個別の寝袋を持っているという点でより楽な側面があり、兵営の中も暖かい。

ヤクボフ将軍が驚いたのは、北朝鮮軍隊には、各部隊別に池があって、ここで養殖した二・五キログラムほどのカマスを部隊員たちの食卓に乗せるという事実である。北朝鮮のすべての軍事システムは中国と類似しており、韓国のシステムは米国と類似している。韓国軍人は、魚を養殖もしないし、畑を栽培したり収穫したりはしない。彼らは軍事訓練だけを受けている。

軍特殊部隊の訪問が終わって、プリコフスキー全権大使は四人の特別に選抜された北朝鮮戦闘兵と力強い握手を交わした。

第二十三章　板門店、統一された朝鮮民族を念願しながら

非武装地帯に位置した板門店は、平壌から一六八キロメートル離れている。板門店まで草原地帯に敷かれた美しい道が伸びている。大路はからっと空いている。道端には花が一列に植えられており、木の葉が垂れている道の裏に広がる野原は安らかで平和な眺めである。

道端に沿って、よく手入れ整理されている農家が見えた。屋根は黄色と赤い色に覆われて私たちの視線を引いた。仔細に見ると、住民たちがトウモロコシと唐辛子を乾していた。

トウモロコシは収穫が終われば、パンに入れる澱粉になり、唐辛子は粉になって大部分はキムチを作る時に使われる。

まるで矢のように真っ直ぐ伸びた道路が眼の前に長く広がっていた。この道路は、時々、山脈を貫通しなければならず、その度に、勤勉な北朝鮮労働者たちが先頭に立ってトンネルをくり抜く姿が眼に見えるようであった。我々は、約二〇〇メートルから一・五キロメートルの長さのトンネルを二十個余り通り過ぎた。天井に電灯が設置されていたが、どのトンネルにおいても灯かりがついていなかった。トンネルの中で運転手たちはヘッドライトで道を照らし、時速七〇キロメートル程度にアクセルを踏みながら走った。

道路が狭い渓谷を通過しなければならない場合でも、道路建設者たちは他の技術的解決策を探さなければならなかった。彼らは、コンクリート柱を立てて、道路を同じ高さで維持した。そして、平壌と板門店間の道路は、水平線を見るように水平に敷かれていた。

五〇キロメートル程度を走った後、休憩所で暫く停車することになった。道端にバスが止まっていて、その周囲に人々が集まっていた。気転の利く通訳官が自動車のトランクから乾しツマミを持ってきた。道の右側に森が茂っていた。我々は森のなかに三〇メートル余り入って見た。森のなかにはビール瓶やプラスチック瓶、ポリエステル箱などのゴミが一つもなく、驚くほど奇麗であった。ロシアの道路沿いにはこのようなものが乱雑に積もっている。率直に言って、北朝鮮の人々がそれほど自然を大事にしていることに感動した。北朝鮮の環境状態は、現代国家の標準であると言っても過言ではない。

道端での散策は、長くはなかった。乗客を乗せたバスが動き始めたからである。幸いにも、我々は自動車を背景にして、北朝鮮人の写真を撮っておいた。誰も我々のためにポーズをとってくれなかったが、だからと言って顔をそらすこともしなかった。彼らは何にも恐れず、ごく自然な行動をとっていた。バスが我々の前を通り過ぎる時、乗客たちに手を振ったので、彼らも手を振って答礼をした。

我々も出発した。道の両側に高く聳えた柱が見ものであったが、いったいぜんたい、どういう用途で使われているのかが気になっていた。戦争が勃発する場合に、その基盤を崩せば、敵軍の通り過ぎる道を遮るバリケードになる、と言っていた。ある所では、柱を立てる作業をしていた。建設現場の臨時幕舎はなく、緑色のテントだけがあった。そのなかに、五十余名の程度が入って、降って来る雨や炸裂する太陽を避けられそうであった。飲食が調理できる暖炉があった。

哨所兵が我々の旅券を綿密に調べた。国境に近づくほど、自動車の中を注意深く検査する武装軍人たちの顔は一層固くなっていた。さらに哨所一つを通過すると、我々は半世紀前韓国と北朝鮮との間に、休戦協定が署名された板門店に入った。

今日、板門店は楽園の姿を連想させた。静かさ、よく刈られた芝生、美しい建物、南北両側の武装軍人たちだけが厳しい顔をしていたので、ここが国境地帯であることに思い至った。

北朝鮮軍人たちが我々を迎えてくれた。人民軍大佐一人が、三十八度線を再生した大きな模型のある特別地域へ我々を案内した。細い指揮棒で米軍の位置と北朝鮮哨所を指しながら説明した。

「一つの国家が半世紀の間に、南と北で別れております。長さ二百四十キロメートル、幅四キロメートルに達する非武装地帯が朝鮮半島の東から西へと互いに横切っており、鉄筋コンクリート壁が立てられております。この壁の南には、四万人以上の米軍と千碇以上の米軍武器が、配置されております。離散家族たちは互いに連絡する方法がないだけでなく、書簡のやりとりすらできません。」

そこから一二キロメートル離れた地点に、二〇〇二年六月に重要な事件が起きた場所があった。南と北の鉄道を連結するために、両側の地雷を取り除くことにした場所である。非武装地帯の北にある村には二百六十余世帯が居住している。彼らは稲とトウモロコシなどを栽培している。一年に二回収穫するために、生育期には芋と豆を植えている。

我々は、休戦協定が調印された木造建物へ入った。一九五三年七月二十七日午前十時、人民軍と中国軍、そして、国連軍代表がここで停戦協定に署名した。すべてのものが五十年前の姿そのままに保存されていた。しかし、戦争の影はいまだに板門店にさしていて、五メートルを置いて南北朝鮮軍人を分ける哨所が向かい合っている。

北朝鮮軍は彼らの司令官の指揮を受けており、韓国軍は赤いベレー帽を被った米軍特殊部隊将校の指揮を受けている。両軍間の合意に従い、深刻な突発事件を防ぐために、拳銃だけで武装している。北朝鮮側には百メートル高さの旗竿に巨大な北朝鮮国旗がはためいており、南側にも同様な大きさの国旗がはためく。

静寂に魅惑された我々は、五十年間に人足が絶えたこの地域に、野生動物と猛獣たちが多くないかと気がかりであった。我々を随行した軍人が、暫く黙っていてから答えた。

「我々は、非武装地帯の猛獣たちに対し考える暇がございません。我々は、常に、偉大な金正日同志の指導の下に、どうすれば統一ができるかについて考えるだけです。」

我々は、鈍感な質問を投げかけて見た。私は、「非武装地帯に勤務する北朝鮮軍人たちは、ロシア製拳銃で武装しておりませんか」、と尋ねて見た。北朝鮮軍人は、侵入者たちを撃退するに充分な北朝鮮武器はある、と応酬した。両側の狭い道に沿って敷かれた鉄条網を見て、私はそれを通過できるかと心配した。人民軍たちは、あきれた微笑を浮かべて、私を見た。

観光客たちは、北朝鮮ばかりでなく、韓国からも板門店を訪問する。写真撮影が許されて、私は北朝鮮軍人と肩を並べて、立って写真を撮った。男らしくて背が高く、訓練が行き届いた軍人たちが、制服を着て哨所で数時間に亘って、微動もせず立っていた。

板門店には七棟の建物がある。四棟の白い建物は北朝鮮が、残りの三棟は青色の建物で、米軍が建てたものである。私は中央の建物に入った。ここは米軍所有であるが、北朝鮮軍も一緒に使用できるように造ったものである。机は緑色の布で被われていた。ここでは、今までに、四百五十六回の会談が開かれたという。その机の真ん中が、まさに国境線であった。私が手を伸ばせば、そこがすなわち、韓国地域になるという訳である。ここからソウルまでの距離は僅か四十八キロメートルに過ぎない。

北朝鮮軍人たちは、「金日成主席がいつも統一された祖国を念願していた」と述べていた。彼が死ぬ前、最後に署名した文献も、南北統一に関するものであると知られている。北朝鮮はこれを永遠に礼讃するために、板門店近所に「金日成主席統一親筆碑」を立て、彼の統一意思が刻まれた署名を記した。我々は、板門店を離れて、芳名録に署名した。そして、一日も早く板門店が朝鮮民族の悲願である、一つになった祖国への国民の熱望を見せてくれる、永遠な博物館になることを祈ったのである。

第二十四章　金正日のお土産

二週間の後、私はロシアに戻った。空港で入国手続きが遅れた。ロシア国境守備隊隊員が「荷物のなかに、横一・五メートル、縦一メートルを超える荷物がないか？」、と聞いた。私は、「北朝鮮の金正日国防委員長に貰った絵がある。」、と答えた。彼は、微笑を浮かべながら、「尤もらしい冗談」であると言って、私を通した。しかし、これは真実だったのである。

日本語版訳者あとがき

金正恩に見られる金正日の姿

二〇一六年に入って、金正恩国防委員会第一委員長が北朝鮮の最高指導者として公式に登場してから五年目になる。二〇一一年十二月以後、北朝鮮最高指導者の地位を急いで承継した金正恩第一委員長は、二〇一二年四月、はじめての公開演説を通じて、北朝鮮で自らの時代が幕を開けたことを内外に宣布した。その後、金正恩第一委員長は、住民たちの経済生活の向上に集中しながら、経済と関連した種々の経済改革措置を打ち出しながら、新しい改革に努めている。またこのような過程で、過去と異なる自分だけのイメージを構築しているように見える。

しかし、こうした金正恩第一委員長の姿は、この書物に現れた金正日委員長の姿とかなり似通っている。二〇〇〇年六月と二〇〇七年十月、二度に亘って行われた南北首脳会談開催当時、我々は　テレビ画面を通じて思い切って語ったり、行動する金正日委員長の姿を生々しく見守っていた。

著者オルガ・マリチェバが二〇〇二年八月、ロシア極東地域を訪問した金正日委員長を至近距離で、同行取材しながら記録した金委員長の姿は、我々がＴＶを通じて確認したことと大きく異なっていない。そして、これは、北朝鮮媒体が伝える金正恩第一委員長の言行と自然に二重写しになる。

金日成主席を、あまり見たことのない金正恩第一委員長は、金正日委員長が統治の教本になるであろう。

もし金正恩委員長が、この書物を読むならば自らがあまり知らない父の姿を確認することができるであろう。これは、日本の読者たちも同様であろう。

二〇〇二年九月、小泉純一郎、当時の日本総理が平壌を訪問し、金正日委員長と日・朝首脳会談を行う過程を見守った多くの日本人たちは、たぶん金正日委員長に対し、南・北朝鮮首脳会談を見守っていた韓国人と同様な印象を受けたであろう。しかし、現在、日本で、北朝鮮と金正日委員長、金正恩第一委員長に対するイメージは、それと異なっているのも事実である。

二〇〇〇年から二〇〇五年八月まで、ウラジオストクにある、ロシア極東国立大学で学びながら、二〇〇二年八月、金正日委員長が訪問したロシア極東地域の多くの都市と重要な場所などを何回か訪問したことがある。また、当時金正日委員長を随行した多数のロシア高官ばかりではなく、著者であるオルガ・マリチェバとも、長い間、親しくしてきた。そうした理由から、十二年前の韓国語出版に続き、日本語版の出版に関わるようになったことを嬉しく思う次第である。この書物が、過去と現在の北朝鮮最高指導者に対する日本読者たちの理解を広め、さらに、南北関係と朝鮮半島、そして、東アジアの未来を客観的で、かつ合理的に眺望する際に役立つことを期待する。

最後に、日本語出版と関連して、多くの整理と便宜を図って下さった韓国の前統一部（省）次官の李寛世、慶南大学石座教授に感謝する次第である。

二〇一六年五月　朴廷敏・呉正萬

◆著者紹介◆

オルガ・マリチェバ

北朝鮮・ロシア関係の専門家。

極東連邦大學言論学部卒業（政治学博士）。ロシア沿海州TVアナウンサー（1995－2001）や、ウラジオストク新聞社記者（2001－2004）などの経歴を持ち、ロシア記者協会の幹事として極東連邦管区のコーディネーターを務める。ロシア大統領が極東連邦管区に派遣したコンスタンチン・プリコフスキー全権大使を団長とする使節団の一員として北朝鮮を訪問し、金正日国防委員長と二回に亘ってインタビューを行う。現在、極東連邦大学言論出版経営学科教授。著書に『東邦特急列車の秘密』(2003)、『朝鮮半島旅行記』(2012) などがある。

◆訳者◆

朴廷敏

ロシア専門家。
米国 American Univ. 国際経済学専攻（1995－1997）。ロシア極東国立大学国際経済学専攻（2001）を経て、ロシア極東国立大学（現・極東連邦大學）で2005年に博士学位を取得（経済学博士）。ロシア極東国立大学専任教授、慶南大学極東問題研究所ロシア研究室長、および教授等を歴任。現在、北韓大学院大学副教授。著書に「ロシア極東を注目せよ！」、（ハンウル、2005）がある。

呉正萬

高麗大学法学部法律学科卒業。東京大学大学院法学政治学研究科修了（国際政治学／アジア政治外交専攻・法学博士）。神奈川大学法学部助教授、教授等を歴任。同名誉教授。神奈川大学国際交流センター副所長。UC Berkley アジア問題研究所客員研究員、神奈川大学法学研究所所長（同大学人権･地方自治問題研究センター長･兼任）。同大学アジア問題研究所所長および『アジアの視点』（連続講座）のコーディネーター。現在、慶南大学「極東問題研究所」招聘教授。著書に、『北朝鮮の対日交渉と戦略』（極東問題研究所、1996）、訳書に『韓国と太陽政策』（具永禄ソウル大学教授著、八千代出版、2001）などがある。

金正日とワルツを　ロシア人女性記者の金正日極東訪問同行記

2016年7月1日　初版発行
定価　1600円＋税

著　者　オルガ・マリチェバ
訳　者　朴廷敏　呉正萬
発行所　株式会社 **皓星社**
発行者　藤巻修一
〒101-0051 東京都千代田区神田神保町3-10 宝栄ビル6階
電話：03-6272-9330　FAX：03-6272-9921
URL http://www.libro-koseisha.co.jp/
E-mail：info@libro-koseisha.co.jp
郵便振替　00130-6-24639

装幀　藤巻 亮一
印刷・製本　精文堂印刷株式会社

ISBN978-4-7744-0612-1